主張すべきは主張して対立する一方で、相手の立場を考え、素直な心で受け入れるべきは受け入れて調和を図る。そうした態度からよりよきものが生まれてくる。

伝統の精神を胸に

昭和39（1964）年９月、アメリカの有力雑誌『ライフ』は、アジア初開催のオリンピック東京大会を翌月に控えて日本特集を組み、松下幸之助を取り上げた。この中で松下は、「最高の産業人、最高所得者、思想家、雑誌発行者、ベストセラー作家の５つの顔をもつ人物」として紹介された。松下69歳

昭和45（1970）年２月25日、日本万国博覧会に出展した「松下館」開館式でテープカットをする松下幸之助。「伝統と開発」をテーマに掲げた松下館は、天平時代の建築様式を生かした設計で、お茶室も設けられた。「日本の伝統建築美を取り入れた外観や茶の湯に伝わる日本の伝統精神によって、日本文化のもつ美しさ、奥ゆかしさが表現できた」と述懐している。松下75歳

昭和42（1967）年６月21日、関西師友協会10周年記念で開かれた「明治百年大講演会」で話す松下幸之助。伝統の日本精神を取り戻し、われわれは立派な国民であるという自覚の上に立って新たなよりよき日本をつくりあげよう、と訴えた。松下72歳

昭和54（1979）年12月４日、奈良県明日香村の高松塚古墳に行幸された昭和天皇を、財団法人飛鳥保存財団（現公益財団法人古都飛鳥保存財団）の理事長（初代）として案内する松下幸之助。「日本人の心のふるさと飛鳥を守りたい」と熱心な活動をしていたある人物の話を松下が佐藤栄作首相に伝えたことがきっかけで保存のための議員連盟が生まれ、財団発足につながった。松下85歳

伊勢神宮に参拝する松下幸之助。松下は神道大系編纂会会長を務めたり、伊勢神宮崇敬会会長を務めたりし、「神宮茶室」の寄付も行なった。「伊勢神宮は国のいしずえというか、心のいしずえ、日本人の心のふるさと」とも述べている。写真は昭和56（1981）年11月３日、松下86歳

日本の伝統精神

日本と日本人について

Konosuke Matsushita

松下幸之助

PHPビジネス新書

松下幸之助ライブラリー

PHPビジネス新書「松下幸之助ライブラリー」創刊の辞

二〇一四年は、祖父・松下幸之助の生誕から百二十年の節目の年であると同時に、没後二十五年の年でもあります。これまで弊社では、創設者である幸之助の考え方をより多くの方に知っていただくべく、幸之助みずからが著した著書の出版にくわえ、さまざまなかたちでその事績や発言、哲学などを広くご紹介する活動を続けてまいりました。

そのようななか、昨年末に幸之助の代表的な著作である『道をひらく』が、初版から四十六年の時を経て累計発行部数五〇〇万部を突破するにおよび、私どもは、やはり幸之助自身の著書こそ多くの方に求められているのではないかとの思いを深めるにいたりました。

そこで、このたび「松下幸之助ライブラリー」を立ち上げ、これまで単行本や文庫などのかたちで発行してきた著書のうち主要なものを、よりビジネスパーソンが手に取りやすいシリーズとして集約し、リニューアル刊行することにいたしました。祖父・幸之助の著作がよりいっそう皆様にお役立ていただけますならば、これに勝る喜びはございません。

二〇一四年三月

PHP研究所会長　松下正幸

新書版『日本と日本人について』発刊にあたって

終戦から一夜が明けた昭和二十（一九四五）年八月十六日午前、大阪・門真《かどま》にある松下電器産業（現パナソニック）の一室に幹部社員が集められました。敗戦のショックから仕事が手につかない社員の様子を見た社長の松下幸之助が、急遽、緊急事態に処するための「臨時経営方針」を語ることにしたのです。とはいえ、松下自身、前夜は輾転《てんてん》として眠れず、一晩中、自分は何をなすべきかを真剣に考えたといいます。

社員に向かって松下は、天皇陛下のご聖断を受けて今後軍需産業がすべて復興産業に転換するであろうという見通しを述べたあと、この容易ならざる仕事に取り組むお互いの心がまえについて話しました（以下、要旨）。

＊　＊　＊

「この至難な仕事に成功を収めるには、眼前にいかなる問題が現われても、これを適切に処理遂行しうる心がまえと知識、才能をもっていなければならない。その知恵才覚はしからばどうして生まれてくるか。それは三千年来培《つちか》った真の日本精神を把握し、これにもとづいて的確な判断を下すことである。しからば日本精神とはいかなるものか。日本精神とは畢竟《ひっきょう》至誠である。誠《まこと》を全《まっと》うする心である。

日本精神を体得すれば、融通無碍《ゆうずうむげ》でいかなる難問題に直面しようともこれを打開する方途が生まれ、万事がおのずから成就し成功するものである。史実に徴《ちょう》しても明らかなごとく、この精神の消長は国家の隆替《りゅうたい》に密接な関係を有し、日本精神が国民に保持されているときは必ず繁栄した。われわれが歩んできた道を静かに顧みて、明治維新以後、日本精神を忘れていたずらに拝金唯物思想に心酔した事実を想起すれば、今日の帰結は理由なきことではないのである。それゆえ眼前の破局は天の啓示であり、天訓であり、真個の日本精神を取り戻す絶好の機会とこれを考え、つぎの発展への強い願望と信念を堅持しなければならない。

今日は敗北のかたちではあるが、日本精神の本来の姿に立ち返ることにより、かえって将来への繁栄の基《もとい》としなければならないのである。かく禍《わざわい》を転じて福となし、一糸乱れず、足並みそろえて日本精神を顕現《けんげん》し皇国《こうこく》の再建設に進むとき、世界は必ずや驚嘆の目をみはるであろう。これこそ最も聖旨《せいし》にこたえ奉るゆえんのものと信ずる。

したがってわが社の経営においても、日本精神の覚醒《かくせい》と顕現に努めていく方針である。極力日常生活の中に日本精神の真面目《しんめんぼく》を表わしていくよう最善の努力をはらいたい。微細な点にまで着目し、指導するつもりであるから、諸君においてもこれを極力受容し、これを基礎として万事に処する心がまえをもっていただきたい。かくて随所に、無意識のうちに日本精神が顕《あら》われてくるようでありたい。それがためには平素の環境がまた大切であって、日本精神の発現しやすい雰囲気を会社につくらねばならないと考えている次第である。いずれ具体策を立て、それぞれの係をおき、日本精神把握への態勢を整えるつもりである」

＊　＊　＊

敗戦の翌日という、歴史上、おそらく最も多くの日本人が悲嘆にくれていたであろうタイミングで、「絶好の機会」「将来への繁栄の基」と語るとは、驚くべきことです。

この「臨時経営方針」では、一貫して「真の日本精神」の意義を説くとともに、明治以来忘れられてきたこの精神を取り戻すことで国の再建に力を合わせようと訴えています。

本書のキーワードでもある「日本精神」という言葉が、現在確認できる資料の中で初めて詳しく述べられたのが、このときでした（言葉としては、古くは昭和九〈一九三四〉年の

『歩一会《ほいちかい》会誌』[※1]一月号に登場）。敗戦に直面したときの松下にとって、日本精神作興《さっこう》への思いは強かったようで、この年の十一月に行われた臨時経営方針発表会でも、「日本精神の体得」を社員に訴えかけています。

　その後、松下から再び「日本精神」が熱をこめて述べられたのは、昭和四十（一九六五）年に『実業の日本』と『ＰＨＰ』誌上で始まった「あたらしい日本・日本の繁栄譜」という連載の中でした。この年の五月号（『実業の日本』は五月一日号）掲載の「日本と日本人」が事実上、本書の原型となり、さらなる思索と検討を経て、昭和五十七（一九八二）年に本書『日本と日本人について』として結実することになります。

　これらから分かることは、松下は戦後一貫して「日本（人）の精神」について考え続けたということです。

　敗戦による困窮・混迷を目《ま》の当たりにした松下は、世と人の繁栄、平和、幸福を願って昭和二十一（一九四六）年にＰＨＰ[※2]研究所を設立、その実現の方策を終生追い求めました。その過程で「人間とはいかなる存在なのか」という人間観の研究を行い、昭和五十（一九七五）年に『人間を考える　第一巻――新しい人間観の提唱・真の人間道を求めて』を著します（ＰＨＰビジネス新書「松下幸之助ライブラリー」シリーズに所収）。そして、この『人間を考える』の第二巻のテーマとして選んだのが、戦後松下が考え続けてきた私たち日本人の特性であり、精神性でした。

松下は、日本の文化や伝統をこよなく愛した人でした。茶道に親しみ、裏千家の老分職《ろうぶん》（長老格の役職）を務めたり、昭和初期に自宅「光雲荘《こううんそう》」を建築した際には、〝三百年後の遺構になる〟よう当時の日本の建築技術の粋《すい》を集めて建てたりしています。明治維新の志士たちをまつる目的で「霊山《りょうぜん》顕彰会」を設立（昭和四十三〈一九六八〉年）したことや、奈良県飛鳥《あすか》地方の歴史的風土と文化財の保存をめざした「飛鳥保存財団（現古都飛鳥保存財団）」の設立（昭和四十六〈一九七一〉年）なども、日本の歴史や伝統、文化、精神性を大切にした松下の活動として特筆されるものです。

本書は、内外に悲惨な結果をもたらした太平洋戦争を痛烈に反省しつつも、古来日本人が保ち続けてきた誇るべき伝統の精神にスポットを当て、世界の中での日本と日本人の立ち位置を明らかにしています。亡くなる七年ほど前に出版されたもので、松下の愛国者としての側面が最も強く表われた著書の一つであるとともに、長年にわたる思索家・松下幸之助の集大成をなす一書とも言えましょう。

本書が、読者の皆様が日本と日本人の特性、あり方を考えるきっかけとなり、わが国ひいては世界の繁栄、平和、幸福にいささかでも資することとなれば幸いです。

二〇一五年四月

PHP研究所　経営理念研究本部

※1　「歩一会」は従業員の福利増進、融和親睦を図る目的で創業三年目の大正九（一九二〇）年に設立された組織。『歩一会会誌』は、社内広報誌として昭和二（一九二七）年から昭和二十一（一九四六）年まで発行された。

※2　PHPは、"Peace and Happiness through Prosperity"の頭文字をとったもので、〝物心両面の調和ある豊かさ（繁栄）によって平和と幸福をもたらそう〟という意味。

【おことわり】

・本書では、「今日」「現在」など執筆時点を示す表現や、「〇年前」などの時系列を表わす表記は、旧版の発刊時点での表記のままとしています。

・旧版発刊当時の時代状況に関する記述については、現代では必ずしも事情が同じでないものや、適切でないとされる表現も含まれますが、当時の時代状況に鑑み、そのままの表現を残しているものもあります。ご了承ください。

まえがき(旧版)

先に、『人間を考える――新しい人間観の提唱』というテーマで、人間とはどういうものか、どのような本質を持っているかということについて、一つの考え方をまとめ、発表いたしました。そしてその後、そうした人間の本質を正しく発揮し、共同生活の調和向上を実現していく道、いいかえれば新しい人間観に基づく人間道というものについて、「真の人間道を求めて」を草し、「新しい人間観の提唱」とあわせて、『人間を考える　第一巻』として刊行した次第です。

そのような基本的な人間観と人間道に基づいて、現実の共同生活における政治、経済、教育、宗教などの諸活動のあり方というものをさらに考えていくことが大切だと思います。そうした実社会の諸活動が適正に行なわれてこそ、人間の本質も正しく発揮され、真に好ましい共同生活も生まれてくると思うのです。

そこで、『人間を考える』の今後の巻においては、そうした新しい人間観に基づく政治、経済などの諸活動について研究していきたいと考えるわけですが、その前にまず、日本と日本人について考える必要がありはしないかと思います。日本とはどういう国であり、日本人とはどのような特質、伝統を持った民族であるかということを知った上で、それにふさわしい政治のあり方、経済のあり方、教育のあり方を考えていくことが大切だと思うのです。

そういうことで、第一巻発刊以来、私なりに日本と日本人について考えを進めてまいりましたが、ここに一つの結論を得ましたので、これを『人間を考える　第二巻』としてまとめたのが本書です。

もとより私は歴史については十分な知識も持っておらず、本書の内容もいわば常識的に考えたものですので、あるいは推断にすぎるというお叱りを受けようかとも思われますが、お互い日本人が自分の国、自分の民族について考え、正しい認識を持つ上で、いささかなりともご参考になればと考え、あえてご高覧に供する次第です。ご一読の上、ご意見、ご感想をいただければ幸いです。

昭和五十七年八月

松下幸之助

日本と日本人について
目次

第二章　日本の天皇制

第三章　日本の伝統精神　一〈衆知を集める〉

第四章　日本の伝統精神　二〈主座を保つ〉

第五章　日本の伝統精神 三〈和を貴ぶ〉

補章一 日本の伝統と戦争

補章二

歴史、伝統と教育

序章

人間の普遍性と国民性

人間の本質は不変

『人間を考える　第一巻』においても申しましたように、人間というものがこの地球上に発生して数百万年、あるいはそれ以上、その間に人間がなしとげた進歩向上というものはまことに大きなものがあります。今日の高度に発達した文明文化の中に生きる現代人と、原始未開といわれる時代の人間とをくらべたら、生活の仕方、ものの考え方、知識や技能などいろいろな点において、これが同じ人間か、というほどに大きなちがいがあるのではないでしょうか。

洞穴などに住み、自然になっている木の実を採集したり、野生の動物をつかまえて食糧としていた原始人が、今日の文明社会をみたらどんなにかおどろくことでしょう。反対に、今日に生きるわれわれが、そうした自然のままの環境に投げ出されたら、どれほど不自由を感じることでしょう。というよりも、生きていくことさえできないかもしれません。

そのように、人間は長い間に非常な進歩向上をとげ、人間の共同生活はまったくといっていいほどに変化してきています。そうした進歩をみると、一見それは人間そのものが変化してきた、いわゆる人間の本質が変わってきたのではないかというようにも考えられます。俗に人間の先祖は猿である、猿が進化して人間になったのだというようなことがよくいわれますが、数百万年にわたる人間の進歩の姿は、一面そう感じさせるほどのものがあるともいえましょう。

しかし、実際はそうではないと思います。たしかに、非常に大きな進歩向上はあったけれども、それはあくまで形の上での変化、いわば人知が進んだための表面的な変化にすぎないのであって、人間の本質そのものまで変わったわけではないと思うのです。ですから、決して人間の先祖は猿ではなく、人間は初めから人間であり、猿は初めから猿であったと考えられます。つまり、人間の本質というものは、人間がこの地球上に発生した時に、自然の理法によって与えられた人間特有のものであり、それはその時から今日まで少しも変わっておらず、また未来永劫にわたって変わらないものなのです。

そのような人間の本質の内容については、先に『人間を考える　第一巻』において明らかにしてきました。すなわち、人間は万物の王者として、自然の理法にしたがいつつ、みずからと万物を生かし、そこに物心一如のかぎりない繁栄を生み出していくことができる、そういう偉大な存在であり、それが人間の天与の特質だということです。

もちろん人間の本質には、そうした偉大なすぐれた面とともに、人間としてのさまざまな欲望とか感情を持っているといった面もありましょう。いわば神のごときという面もあれば、動物に近いというような面もあるわけです。仏教においては、そうした人間のいろいろな面を十に分けて、十界ということをいい、その最高のものを仏といっているともいわれます。その仏の境地に立って、他の九つの面を生かして好ましい人間生活を生み出していくことが大切だと教えているのだと思いますが、それは『人間を考える　第一巻』で述べた、万物の王者としての自覚に立って、みずからと万物を生かし、共同生活の調和向上をはかっていくということに相通じるものがあると思います。

世界共通の人間的躾

いずれにしても、そのような人間の本質というものは、昔もいまもあらゆる時代を通じて不変のものなのです。そして、同時に、あらゆる国家、民族をこえ、世界人類共通のものでもあるわけです。今日この地球上には多くの国家があり、民族があります。そして、それぞれに人びとの外見もちがえば言葉もちがい、風俗、習慣もちがいます。しかしそのような形の上でのちがいはあっても、ここに述べた人間の本質というものは、いかなる国、いかなる民族であろうと、すべての人間がみなひとしくあわせ持っているのです。

そのように人間の本質は、時代をこえ、国家、民族をこえ、すべての人間に共通な、いわゆる普遍性を持つものだといえましょう。

ですから、たとえば二千年前、二千五百年前に外国で説かれた、キリストなり釈迦の教えというものが、現在の日本人にとってもなおまことに大切なものを含んでいるということなども、結局それが、そのような人間の普遍性に立って説かれたものだからだと思います。

そういう人間の普遍性を示す一つの例として、各国の幼少期の教育、躾《しつけ》といったことがあげられると思います。聞くところによりますと、ソ連では、義務教育の初めに「生徒守則」というものを示し、これを学校できびしく躾けているといわれます。それにはたとえば〝祖国有用の人物になれ〟〝校長や教師に対しては礼儀正しくふるまえ〟〝父母にしたがい、弟妹をいつくしめ〟〝公共物を大切にせよ〟といった項目が並んでいます。つまり、一生徒として、あるいは一人の社会人として守るべき基本的な心がけが教えられ、それがきびしく躾けられているというわけです。

一方、西欧諸国やアメリカなどの場合はどうかといいますと、やはり同じようにきびしい躾が、家庭でも学校でも、社会のすみずみにおいてもなされているということです。すなわち、国を愛し、教師を敬い、父母にしたがい、公徳心を養うなどということが、人間本来の正しい生き方として幼い時から教えられ、躾けられているわけです。

そのように、共産主義社会であると自由主義社会であるとを問わず、幼少期における躾の内容はほとんど共通しているのです。結局、お互い人間というものは、どの国に生まれようとあくまで人間なのであって、人間としての本質は、その国の主義とか思想によって変わるものではありません。だからこそ、このように基本的にはどの国にも通用するような、いわば人間的躾というものが、ある一定期間の成長期において考えられ、そして現に各国で行なわれているのだと思います。

ですから、お互い人間が人間としての生き方、あるいは共同生活というか国家の運営の仕方などについてあるべき姿を求めていく場合、まず第一に考えなくてはならないのは、そのような人間としての普遍性だといえましょう。そうしたものを無視したり軽視したりして一国の運営を行なったのでは、国家の発展も国民の幸福も生まれてこないと思うのです。やはり、人間の普遍性に立脚した国家の運営ということがきわめて大切だといえましょう。

国にも個性がある

そのように人間としての普遍性というものはきわめて大切だといえますが、それとともに、一国の運営にあたってもう一つ考えなくてはならないことがあります。それは、その国の国民性、民族性というものです。

人間というものは、先に述べたように、あらゆる時代、あらゆる場所をこえて共通の本質を持っています。けれどもその反面、一人ひとりの人間をとってみれば、みながちがっているということがいえると思います。よく似た人ということはありましょうが、個々にわたって詳細に観察してみれば、一人として同じ人間はいません。一人ひとりどこかちがっています。顔かたちがちがう、性格や趣味がちがう、ものの考え方がちがうというように、十人十色、この地球上に四十億の人がいれば四十億色にちがうものをそれぞれの人が持っているわけです。

それをその人の個性と呼んでもいいかと思いますが、そのように一方では人間としての共通の普遍的本質を持ちつつも、他方では一人ひとりみなちがった個性を持っているというのが、現実の人間の姿です。そのように人間は生まれついているわけです。

そして、それは単に個々人の場合だけでなく、国家とか民族といった共同体の場合でも同じことだと思います。やはり一つの国民には他の国民とはちがった性格なり国民性があり、一つの民族には他の民族にはみられない独特の体質とか気質があると思います。これも『人間を考える　第一巻』において述べたことですが、もともと人間というものは、最初にこの地球上のいろいろな場所に、時を同じくして発生したものだと思うのです。そして人間としての共通性を持ちつつも、その場所その場所の気候風土その他の自然条件の差異によって、それぞれに特有の個性を持った人間となったわけです。それが人種とか民族とかいわれるもののはじまりだと思います。

そのように、最初からそれぞれに多少異なっている上に、さらに長い間同じ土地に住んでいると、結婚によって血が通いあうとか、あるいはその土地の気候風土にいろいろ影響されてくるとか、伝統や風習によって、ものの考え方、感じ方に一つの共通した方向性がかたちづくられてくるというようなことが起こってきます。そこに、国であれば国民性、民族であれば民族性というものが次第しだいにはっきりとできあがってくるわけです。

ですから、そこに住む一人ひとりの人間も、程度の差はあっても、そういう一つの国民性、民族性というものを、意識するとしないとにかかわらず身にそなえるようになってきます。それはいわば第二の天性、第二の個性となって、その人の中にしみ込んでしまうわけです。これは人間の力ではどうすることもできない一つの事実だといっていいのではないでしょうか。

そういうことを考えてみますと、お互いが個人として生きていく場合、それぞれの個性に合った生活をしていくことが大切なように、国家の場合でも、この国民的個性ともいうべき国民性、民族性に基づいた運営、活動がなされることが必要になってくると思います。人間の本質はみな共通だからといって、すべての人を同じように扱ったのでは、その個性が生かされず、人びとを不幸にする結果になってしまいます。国の場合でも同じことで、その国の国民性を無視した国家の運営がなされたのでは、決してうまくいかないと思います。先に述べた人間の普遍性と、この国民性との二つがともどもに十分生かされてはじめて円滑な国家運営がなされるわけです。

国民性を容認しつつ

　今日の世界には百五十あまりの国があります。その百五十の国はそれぞれに気候風土を異にし、独自の歴史、伝統を持っています。いいかえれば、みなちがった国民性を持っているわけです。アメリカにはアメリカの国民性、インドにはインドの国民性というように、各国にそれぞれの国民性があるのです。

　そうした自分の国の国民性というものを、各国民はそれぞれに大切にしなくてはいけないと思います。そしてそれとともに、お互いに他国の国民性を尊重しあわなくてはなりません。それはちょうど各人が、自分の個性を大事にしつつ他人の個性を尊重して、ともどもに生かしあっていくことが、お互いの幸せなり共同生活の発展に結びつくのと同じことです。世界の各国が、それぞれに自他ともの国民性を尊重して国家活動を行ない、また相互の交流を行なっていくところに、一国の発展もあり、世界の平和、人類の幸福もあるのだと思います。

　第二次大戦後、アメリカがアジアの多くの国ぐにいろいろ援助を与えたり、また政治その他国家活動について指導したりしましたが、結果としては必ずしも成功したとはいえない姿もあるようです。ベトナム※などはその最たるものではないかと思います。こうしたことも、アメリカ自身は基本的には善意だったと思うのですが、相手の国の国民性を尊重するという面で、いささか配慮に欠けるものがあったのではないでしょうか。アメリカのような非常に発展した国でうまくいっているからといって、そこで成功した制度なりものの考え方なりを、風俗、習慣もちがい、しかも開発途上にあるアジアの国ぐににそのまま持ってきても、それは十分消化されず、ある面ではかえって弊害を生ずることにもなってしまうと思うのです。結局、自由主義にせよ共産主義にせよ、どんなにいい主義、思想でも、その国の国民性に即してとり入れるということでないと、好ましい結果は生まれないと思います。

民主主義というものはきわめてすぐれた考え方であり、制度だといっていいと思います。だから、それぞれの国がこの民主主義というものをとり入れて、それによって国家を発展させ、国民の福祉を高めていこうとすることは、大いに好ましいことでしょう。ただその場合大事なことは、その民主主義をどの国でも一律にとり入れるのではなく、やはりその国その国の国民性に即してとり入れなくてはいけないということです。そういうことを考えずに民主主義の形だけとり入れても、それはいわゆる根なし草になってしまって、ほんとうにきれいな花を咲かせることはできないと思います。

アメリカにはアメリカ的民主主義が、イギリスにはイギリス的民主主義が、そして日本には日本的民主主義というものがあっていい、というよりも、それがなくてはならないと思うのです。

そのように、すべてにわたって、人間としての普遍性とともに、その国独自の国民性というものをあわせ考えていくことがきわめて大切だといえましょう。もちろん、それぞれの国民性の中には必ずしもいい面、好ましい面ばかりでなく、短所というか、好ましくないと考えられる面もあると思います。そうした面についてはこれを逐次直していくことも大切かと思いますが、しかし、長年にわたって培われてきた国民性そのものを直したり変えたりすることは簡単にはできないと思うのです。性急にそういうことをしようとすれば、そこに無理が生じてかえって弊害をもたらすことにもなりかねません。

『人間を考える　第一巻』において人間道というものについて明らかにし、その基本は、いっさいをあるがままに容認し、これを適切に処遇することだと述べましたが、この国民性というものについても、それがいえると思います。まずそれぞれの国の国民性というものを、あるがままに認める、そのことがきわめて大切だと思うのです。その上でこれをいかに適切に処遇し、どのように生かしていくかということを考えるわけです。

この『人間を考える』の今後の巻においては、人間の本質とは何かという基本の人間観と、その人間がいかに歩むべきかという基本的なあり方、すなわち人間道に基づいて、政治はどうあるべきか、経済はどうあるべきか、教育はどうあるべきかといった共同生活における諸活動のあり方を研究していきたいと考えております。が、それに先立って、まずわれわれ日本人自身が、日本と日本人というものについて考えておく必要があるのではないかと思うのです。

日本というのはどのような国なのか、日本の伝統とはいかなるものか、日本人の国民性、伝統精神とはどういうものか、そういったことを日本人自身が知らなくてはならないと思います。そういうものを正しく知ってはじめて、そのような日本独自の国民性に基づいた政治なりその他の諸活動はいかにあるべきかということが、正しく考えられると思うのです。

そのような観点から、本書においては、「日本と日本人について」と題して、日本の歴史、伝統、日本人の特質、さらに今日の日本の姿なり今後のあり方といったものについて考え、述べていきたいと思います。

※　一九六〇、七〇年代に行なわれた、ベトナムの統一をめぐる戦争のこと。五四年成立の南ベトナム政府による反共政策・独裁政治に反対する国内勢力が、六〇年に南ベトナム解放民族戦線を結成、共産主義の北ベトナム政府の支援を受けて戦いを続け、六九年に臨時革命政府を樹立。その間、六三年にアメリカが全面的に軍事介入し、北ベトナムへの空爆のほか、数十万人の地上軍を投入するも勝利にいたらず、七三年の和平協定後に撤退。その後、七五年のサイゴン（現ホーチミン）陥落により南ベトナム政府は崩壊、翌年南北が統一された。死傷者は数百万人に及ぶ。当事国ベトナムやその周辺諸国はもとより、多くの犠牲をはらったアメリカ社会にも大きな傷痕を残した。

第一章

日本の歴史と気候風土

建国当時の日本と世界

日本と日本人というものについて考えるにあたっては、やはりまず昔からの歩みといいますか、日本の歴史をふり返ってみる必要があると思います。もちろん、そうはいっても、長い歴史の個々の事柄をとりあげるのではなく、日本という国、日本人という国民、民族が基本的にどういう歩みを続けてきたかということを考えてみたいと思うのです。

日本が一つの国として、統一、建国されるに先立って、日本人といいますか、日本民族というものはそのずっと以前からすでに存在していたと考えられます。人間の発生と、人間の共同生活の歩みについては『人間を考える　第一巻』において述べており、いささか重複しますが、次のようなものだと考えられます。

すなわち、人間は数百万年あるいはそれ以上の昔に、この地球上の自然条件が一定の状態に達した時に、世界の各所において発生し、すべて人間としての同じ本質を持ちつつも、その土地土地の気候風土の差異により、そこに多少のちがいが生じ、それが人種、民族のちがいとなったと考えられます。そして、その発生した場所場所において、小集落をつくって共同生活を営みつつ、合併その他により、次第しだいにより大きな集団を形成し、ついには一つの統一した国家を生むにいたったわけです。

ですから、日本の場合もそのような歩みをしてきたと思います。数百万年か、あるいはそれ以前に、この日本の地に日本人の始祖ともいうべき人間が発生したのでしょう。その当時の日本の国土は、あるいは形の上でも、自然の様相でも今日とは多少ちがったものだったかもしれませんが、いずれにしても、そういうことがあって日本人が発生し、国土の各地に何千、何万という数の小集落ができたのだと思います。そうした小集落の分立という状態が非常に長い間続いたわけです。その間に小集落同士が対立したり、相争うといった、いわば原始的な戦国時代といった様相を呈したこともあったでしょう。あるいは互いに相和し、協調したという姿もあったと思います。そして、一方が他方を力で征服、併合するとか、あるいは平和的に連合、合併するといったことで、それがだんだんとより大規模な中集落ともいうべきものに集約されていったと考えられます。

その中集落の分立、対立の状態が、小集落の時と同じように長い間続いたのでしょう。そしてやはり、時に相和し、時に相争うという姿をくり返しつつ、連合、合併によってだんだん集落の大きな連合体、いわば大集落を形成していったわけです。それはもう小国家といってもいいかもしれません。そういうものが、九州にいくつかある、中国や近畿、さらには東北にもいくつかあるといったように、日本全体に何百、何千あるいはそれ以上の数が存在していたのだと思います。そうした姿がまた相当の期間続いたわけです。

そのようなそれぞれの大集落、小国家には、それぞれにその集落の長、いわば長《おさ》あるいは王というような指導者がいたと考えられます。もちろんそういう長は、小集落、中集落の時代にもいたのでしょう。そして、それらの集落の連合、合併の過程では、やはりすぐれた指導力を持った長のいる集落が中心になって、それがなされたのだと思います。

それらの長の中には、自己の権力欲といいますか、自分が大いに力をふるおうということで、他の集落を征服したり、併合したりした人もいたことでしょう。また中には、全体の幸せのためにということを考えた人もいたと思います。つまり、自分の周囲の各集落の状態をみてみると、互いに争いをくり返し、いろいろな損失を生み、不幸になったりしているわけです。それでそういうことではみなの不幸だから、もっと仲よく連合してやっていこう、ということを呼びかけたのでしょう。そうすると、それに賛成して、よしみを通じてくるところもあったと思います。けれども、それに反対して、敵対してくるところもある。そういう場合はやむを得ないから武力によって、これを平定するというようにして、集落の連合体を形成していったこともあると思います。

そのようにして、最初は無数にあった小集落が次第に集約されて、日本の各地に、何十かの集落の連合体ともいうべき大集落、小国家ができたのだと思います。そして、そこに先にも述べたように、それぞれの長というか王がやはりいたわけです。

そうした大集落、小国家の間でも、小集落、中集落の時代と同じように、集落同士の間で連合、合併ということが生じたのでしょう。それはある長が、自分の権力欲を中心に力で征服したということもあったと思います。反対にみんなの幸せのためにということを考えた長もいたことでしょう。「この国土にいるのはみな同じ民族である。けれども、何十にも分かれてそれぞれに争ったりしている。これは決して幸せを生む道ではない。ひとつみんなが連合したらどうだろうか」ということを考えて、近隣の集落に呼びかけた人もいたと考えられます。

そうすると、それに賛成してよしみを通じてくるところもあれば、反対するところもあったでしょう。中には武力に訴えて戦いをいどんでくるところもあり、その場合にはやむなく戦うという姿もあったと思います。

そのような過程をへて、最終的にはある一つの集落の長が全体を統合し、日本を一つの国家として成立させた。それが今日の天皇家の祖先であると思われます。つまり、天皇家の祖先というものは、大昔には小集落の長であったと思うのです。それが長い時代をへて、代を重ね、中集落の長から大集落の長となり、最後に日本を統一し、一つの国家としての基《もとい》を築いたということではないかと思います。そして、その天皇家の祖先の思想というものは、個々にはいろいろあったでしょうが、概していえば、自分の権力欲のためというよりは、みなの幸せということを中心に考え、いわゆる徳の政治から出発しているのではないかという感じがします。そういうところに、日本の建国の理念というものがあったのではないでしょうか。

神話では、初代の天皇である神武《じんむ》天皇が、九州から東征して各地を平定し、日本を建国したとされています。そうした神話は、あるいはここに述べたようなことの一端をあらわしているとも考えられましょう。しかし、大事なことは、かりに神武天皇が日本の国としての初代の天皇だとしても、それに先立って、小集落、中集落、さらには小国家という非常に長い時代があり、それぞれの段階に応じた文化があったということです。もちろんそういうものは歴史としてはほとんど残されていませんし、また今日、具体的にその姿を知ることはできませんから推断といえば推断ですが、その後の日本の歴史を通観してみますと、ある程度ここに述べてきたようなことがいえるのではないかと考えられます。

　その日本の建国がいつのことであるかについては、いろいろな見解があって、はっきりとはしていないようです。昔は、神武天皇の即位があったと伝えられる紀元前六六〇年が日本の建国の年とされていました。いまから二千六百年あまり前ということであり、いまの日本の建国記念日は、その日にちなんだものであるわけです。

　ただ、現在では、学問的にもいろいろ研究が進んで、これは一つの神話とみなされるようになり、実際の建国はそれよりも後のことだと一般に考えられるようになっています。また、ここに述べたような集落の発展の過程を考えてみますと、どの時点をもって建国とするかについても、いろいろな解釈ができましょう。ですから、ごく大まかにいえば、日本が統一され建国がなったのは二千年前後の昔と考えていいのではないかと思います。

　それでは、その日本の建国当時の世界の姿はどのようなものだったのでしょうか。いわゆる文明の発祥というのは、それに先立つこと三千年、いまから五千年前ごろとされています。人間の歩みは何百万年という長いものですが、その大部分は原始未開の状態であって、ようやく五千年前になって、文明が進み、次第に文字というものも発明されて記録が残されるようになってきたわけです。最初に栄えたのはメソポタミアとかエジプト、インド、中国などだといわれています。そうした各地に相前後して、一つの進んだ文明を持った国というものが誕生したわけで、それが当時のいわば先進国だったといえましょう。

それから三千年、つまり日本の建国のころまでの間に、それらの国ぐにはあるいは栄え、あるいは滅び、あるいは分裂し、あるいは統合し、あるいはその中で王朝が何度も交代するというような姿で推移してきました。それとともに、ギリシャであるとかペルシャであるといったような新しい国が生まれ、栄えるということもあったわけです。

そのようにして、日本の建国当時では、西においては、ローマが今日のヨーロッパの大部分とアフリカ、中近東の一部を支配する大帝国を築きあげ、東にあっては、中国が幾多王朝の興亡をくり返しつつも、文明文化の中心として栄えていたわけです。そうしたローマや中国の姿にくらべれば、日本はずっと後《おく》れた、ようやく発展の緒についたという姿であったと思います。当時の世界にどれくらいの国があったのかはわかりませんが、建国なった日本はまずその中でも、今日のことばでいえば開発途上国であったといってまちがいないと思うのです。

一貫した発展の歴史

そのような姿で建国された日本は、その後二千年の間、幸いにして滅びることもなく、今日にまでいたっています。そして、その歩みは一貫して発展の姿で推移してきたと思います。もちろん個々に詳細にみれば、多少の紆余《うよ》曲折《きょくせつ》というか起伏はありましょうが、おおむね発展の歩みを続けてきたといえましょう。そして、今日では、世界の先進国の一つに数えられるにいたったのです。

二千年前に繁栄を誇っていたローマ帝国というものは今日ではもう存在していません。中国は現在まで存続していますが、その間には何度も王朝が交代しており、今日では人民共和国という姿にあります。ですから、いまの中国としては建国約三十年です。その姿には一面非常に力強いものがあり、特に精神文化の面においては非常に進んだものを持っていますが、その一面未だ開発途上にあるといったところもあります。その他、昔栄えたエジプトやインド、ギリシャなどにしても、今日必ずしも先進国という状態にあるとはいえません。

一方、いまの世界には百五十あまりの国があります。それらの国の民族の歴史といいますか、その土地に住んでいる土着の人びと自身の歴史というものは、これはきわめて長いものがありましょう。多くの場合には、日本同様、人間発生の時以来、その土地において人間としての生活がなんらかのかたちで営まれ続けてきたといえると思います。それぞれに同じように小集落から中集落へ、さらには大集落へという歩みをしてきたことでしょう。ですから、民族ということで考えれば、どこも相当に長い歴史を持っていると思うのです。そういう意味においては、どの民族の歴史も何万年、何百万年ということになるでしょう。

しかし、今日存在しているそれらの国が一つの国として建国されて以来の歴史というものをみてみますと、これはおおむね非常に浅いというか短いといえます。たとえばアメリカにしても、最近建国二百年を迎えたばかりです。ソビエト連邦の場合は、ロシアにおける最初の統一国家ともいうべきキエフ公国の成立から数えて千百年、現在の社会主義国家としては建国六十年です。アフリカにおいてもまた、いわゆる新興国が多く、国ができてまだ十年に満たないというところもあります。

そのように民族の歴史はどこも非常に長いものを持っていても、国家としての歴史については、ここに述べましたように、今日の世界の大部分の国は比較的短いのであり、その中にあって日本は、建国以来二千年もの長きにわたり、一つの国としての主権を保ち続けているのです。しかも、その二千年を通じて、ほぼ一貫して発展の歩みを進めて、今日世界の先進国の一つとなっているわけです。

これはきわめて特筆すべきことであり、日本を考える上で、非常に大事なことの一つだと思います。世界の歴史というものは、一面国ぐにの栄枯盛衰の歴史だともいえましょう。多くの国が興り、栄え、そして衰え、滅びていったのです。かつて栄華を誇りながら、今日もう存在しない国、昔日《せきじつ》の面影いまいずことといった国が数多くあるわけです。その中で日本は、衰えもせず、滅びもせず、建国以来二千年もの長きにわたって終始一貫発展の歩みを続けてきました。

もちろん、その過程には国家の存亡にかかわるといった非常な危機はあったと思います。かつての蒙古《もうこ》の襲来であるとか、明治維新であるとか、太平洋戦争における敗戦とかは、いずれもきわめて大きな難局だったと思います。また、国内においてもいわゆる豪族とか領主たちが相争う内戦的なものはしばしばありました。戦国時代などはその最たるものでしょう。しかし、日本はそうした危機をのり越え、かえってそれを一つの転機として本の二千年の歴史の大きな特色があるといえましょう。そういうところに、一つの運命ともいえる日本の二千年の歴史の大きな特色があるといえましょう。

そうした日本の歴史、伝統というものを、お互いによく認識することが大事だと思います。もし日本が非常に歴史の浅い、最近建国されたというような国であれば、日本と日本人のあり方を考えるにしても、その建国の理念に基づきつつも、あとはいわば白紙の状態で一から考えればいいともいえましょう。しかし、現に国として二千年もの長い歴史を持つ日本の場合は、やはりその歴史と、さらにそこに培われた伝統というものにしっかりと基礎をおき、そういうものを今日に生かしつつ考えを進め、事に処していかなくてはならないと思います。

そこに、お互い日本人が日本の歴史や伝統を知ることの意義があると思うのです。一つの国家として、世界にも例の少ない長い歴史を日本は持っているのです。ですから日本人にとって、自国の歴史、伝統を知ることは、自分のあり方を考えていく上できわめて大切だと思います。

ほぼ一国一民族の日本

次に、そのように長い歴史を持つ日本がどういう姿で発展の歩みを進めてきたかということについて、やや具体的に考えてみますと、そこにも他の国ぐにとくらべて日本独自といいますか、いくつかの大きな特徴があるように思うのです。

その第一は、日本人というものが、だいたいにおいて一国一民族という姿で国家をかたちづくり、今日にいたっているということです。これは、よしあしは別として、日本の一つの特質ではないかと思います。

たとえばアメリカは、多民族国家などといわれるように、非常に多くの人種、民族からなっています。白人もいれば黒人もいる、あるいは黄色人種もいるというように、世界の各地各国からいろいろな人が集まってアメリカという国を形成しているわけです。いわば百の民族からなるといってもいいほどではないでしょうか。

アメリカほど極端ではないとしても、世界の多くの国ぐにが、一国の中にいくつかの民族を抱えているようです。ですから、そうした姿が今日の世界においてはふつうだといえましょう。その点日本はどうかといいますと、今日では、ほとんど日本民族だけからなっているわけです。もちろん長い歴史の中では他の民族もいろいろ日本に入ってきたことと思います。中国とか朝鮮から入ってきた人も、あるいは東南アジアからはるばる海を渡ってきたという人もいたでしょう。何百万年という間には、そういうことも少なくなかったと思うのです。しかし、そのようなことがあったとしても、それらの人びとも長い歴史の間にはすっかり同化してきています。現に今日の日本人は、だれもみなお互いを同じ民族としてみているわけです。ですから学問的にはいろいろ見方もありましょうが、今日では日本はほぼ一国一民族だと考えていいと思います。また、ことばにしても、各地の方言というものはあっても、日本語という一つのことばがすべての国民によって使われているわけです。

序章でも申しましたように、それぞれの民族はそれぞれ独自の歴史と伝統を持っており、したがって、そこに特有の民族性があるわけです。ですから、一国の中にいくつかの民族があるということは、ものの考え方にしても、風俗、習慣にしてもそれぞれにかなり異なったものを持つ人びとが共存しているということになります。場合によっては、ことばすらもちがう言語を使うという場合もあります。たとえば、永世中立国としてたたえられているスイスのような国でも、多民族国家であるため、公用語としてドイツ語、フランス語、イタリア語、ロマンシュ語の四つものことばが定められているということです。

そのように、言語、風俗、習慣などの異なるいくつかの人種、民族からなる国家と、ほぼ一国一民族で、ことばも一つであり、国民のものの考え方、感じ方もだいたい傾向を同じくしているという国とでは、やはりそこにいろいろとちがう面が出てくるのは当然のことだと思うのです。もちろん、だからといって、そのいずれかを是とし、他を非とするという意味ではありません。ただそういうことをありのままに認識することが大事なのであって、ほぼ一国一民族一言語である日本を、多民族からなる他の国と同じようにみて、ものを考えることは妥当性を欠くことになると思います。

たとえばアメリカのように、いくつもの人種、民族がいれば、一つの習慣なら習慣にしても、ある民族は是とするが、他の民族はそれを非とするというようなことがあると思います。そのように正反対の考え方がいたるところにあるという場合、国民を打って一丸として国を保ち、発展させていくについては、話し合いを中心としていたのではなかなかうまくいきにくいでしょう。ですから、やはり法律というものによって国民生活のすみずみまで律していくことが必要になってきます。

現にアメリカではそのようにやっており、非常に法律が複雑多岐にわたっているため、中規模の会社でも数人の弁護士を社員として使っており、個人でも顧問弁護士を必要とするような姿になっているわけです。

それに対して日本の場合は、個々にはいろいろなちがいはあっても、だいたいにおいて習慣にしろものの考え方にしろ共通しており、お互いにわかりあえる面が多いと思います。ですから、あまりあれこれ法律で規制するよりも、お互いに話し合いでスムーズに事を運びやすいといえましょう。それをアメリカと同じように考えて、法律の目をはりめぐらし、国民活動を律していこうとすれば、窮屈でもあり、かえって活動の能率を低下させることにもなってしまうと思うのです。やはり日本はほぼ一民族からなっているということを認識した上で、それに基づいて物事を進めていくことがきわめて大切だと思います。

天皇を中心として

それとともに、日本と日本人の歴史を考える上で大事なことは、日本人は天皇というものを中心にして、過去二千年の歩みを続けてきたということです。建国以来一貫して、天皇を国家の中心として、国家経営、国民活動を行なってきたわけです。これは、まことに他に例をみない独自のものではないかと思います。

もちろん外国においても、国王とか皇帝とかがいて、それを中心に国家を運営してきたところも少なくないと思います。記録に残っていない集落の時代を含めて考えれば、一つの長の家系がきわめて長きにわたって続き、代々その集落を統治したということもあったでしょう。これとてもそういうものは今日残っていませんし、記録に残された歴史においては、外国の場合、そうした王朝というもの自体が交代したり、場合によっては滅びてしまったということが多いわけです。

中国などはそうした典型だと思います。古くは周とか漢とか唐といった王朝が次つぎと興っては滅び、時には元とか清のような漢民族以外の民族による王朝が支配するといった姿にもなりました。ロシアやフランスの王室は国内の革命によって国王が処刑されるというような姿でなくなり、ドイツやイタリアの場合は敗戦によって王制が廃止されるということになったのです。

そうした中で、日本の天皇制は建国以来二千年にわたって連綿として絶えることなく続いてきているのです。その間、政治の実権を握った人はいろいろとかわっています。ある時は藤原氏のような公卿《くぎょう》であったり、ある時は源氏や足利氏、徳川氏といった武士であったりというように、その時どきの権力者というものは時代によってかわっています。しかしそうした権力者たちも、中国などの場合のように天皇にとって代わり、みずからその位につこうとはしていません。あくまで天皇というものを国家の中心とし、これを尊敬しつつ、天皇によって任命された摂政とか関白、あるいは将軍といった職責において政治を行なってきたのです。

さらに先の敗戦においても、日本の天皇制はイタリアの場合のように廃止されることはありませんでした。そして今日、日本国民統合の象徴と憲法に明記されているようなかたちで存続しているわけです。天皇制というものについては次章でも述べたいと思いますが、いずれにしても、この天皇制を中心として、日本の国家国民の歩みが建国以来二千年にわたって続けられてきており、それが日本の大きな伝統をなしていると思うのです。

ゆたかな日本の自然

最後に、日本の伝統なり日本人の国民性を考える上でもう一つ忘れてはならないものとして、この日本特有の気候風土というものがあると思います。最初に述べましたように、その国特有の気候風土というか自然の条件が、すでに人間を発生させた時にも働いて、一つの人種的民族的特色を与えているわけですが、それ以後の歩みの中でも、その国の国民性をつくる上で大きな役割を果たしてきたことは、これはいうまでもないことでしょう。

人間以外の動物は、おおむねその種類によって、それぞれにこの地球上の特定の地域にしか棲んでいません。ライオンや象などは熱帯地方、白熊やペンギンは寒いところにだけ棲んで、他の地方には棲みません。中には渡り鳥のように、気候の変化によって棲む場所を変える動物もありますが、いずれにしても動物の場合は本能の導きによって、最も自分に適したところに棲むわけです。

それに対して人間は、温暖な地方から熱帯地方、さらには寒帯地方といったように、地球上の広い範囲にわたって住んでいます。そして、どういう場所においても、そこで快適な生活を営めるように、衣服とか住居、その他の面にいろいろ工夫して、その土地土地の自然に順応した生活を生み出しています。そういうところから、長年の間にその気候風土に影響されて、一つの気風、特質が生まれてくると思います。北国の人たちにはきびしい寒さに耐えていく特質が生まれ、南洋の人たちには炎暑の中で生きていくのにふさわしい気風が生まれるというようなものです。

そういった観点から、日本人の国民性を生み育ててきた日本の気候風土なり自然というものを考えてみますと、やはりこの世界の国ぐにの中にあって、他に例をみない特有のものがあるように思われます。

日本は島国です。周囲すべてを海で囲まれています。そしてその海も、波がおだやかな内海もあれば、荒波がしぶきをあげる豪快な外海もあります。海岸線にしても、白砂青松《はくさせいしょう》うち続く砂浜もあれば、奇岩、絶壁が目をおどろかせるといったところもあり、またそこここに小島が点在しているなど、変化に富んだ美しさを示しています。

同時にまた日本は山国でもあります。国全体が起伏に富み、高い山がそびえ立つかと思えば、その間をぬって美しい渓流が岩をかんで流れ、轟々《ごうごう》と水音をとどろかせる滝となって落下するという景観もみられます。きわめて立体的でバラエティーに富んだ姿となっています。

独自の歴史、風土の中で

そのように風景自体に変化がある上に、日本は南北に細長くつらなっていますから一方に北の落ち着いた情緒もあれば、一方では南国の明るさも味わうことができます。ですか

それに加えて、四季といわれるように、季節のうつりかわりというものが、これまた、まことにゆたかないろどりを添えています。きびしい冬の寒さのあとに、暖かい春が訪れて、草も木も萌《も》え始め、いっせいに花を咲かせ、動物たちも長い眠りからさめて、嬉々《きき》として新しい生の営みに入る季節になります。そのあとに、太陽の照りつける、じっとしていても汗が出るような暑い夏が、そしてその夏が去ると、今度はさわやかな実りの秋を迎え、やがて再び木の葉も枯れ落ち、寒い冬を迎えるわけです。これほど変化に富んだ四季を持つ国は世界でも数少ないといわれます。

そのように、日本は四方を海に囲まれ、一方ではまことにゆたかな四季のうつりかわりを持ち、また一方では山あり川あり湖ありといった多彩な景観に満ちた国土を持っています。だから食べる物にしても、いわゆる海の幸あり山の幸ありで、しかも四季それぞれに異なったものを味わうことができます。

そういう気候風土から生まれてくる国民性というものは、当然のことながら、いわゆる常夏の熱帯地方の国や、寒帯地方の国の場合とは別のものがあるでしょう。国土の大半が

平地だという平坦な国とも、大陸の真ん中にあって周囲がみな他の国であるといった国ともちがった国民性が培われてきていると思うのです。

そのように、日本という国はほぼ一国一民族で、天皇家を中心に二千年にわたる長い間一貫して発展してきたという歴史においても、島国の中で変化に富んだ国土とゆたかな四季を持つというその気候風土においても、他の国ぐにとは非常に異なった独特のものを持っているわけです。それは、いいとか悪いとかということをこえた一つの事実であり、そのことをお互い日本人はまず認識しなくてはならないと思います。

そして、その上に立って、そうした歴史と気候風土によって育まれ培われてきた日本人の国民性とはどういうものであるかを考えていくことが大切だと思いますが、それについては、以下の章で具体的に考えていきたいと思います。

第二章

日本の天皇制

二千年にわたる天皇の位

第一章でも述べましたように、日本人は非常に長きにわたる集落の分立、対立の時代をへて、およそ二千年前に天皇家の祖先を中心として、統一国家としての日本を建国したと考えられます。そして、建国以来二千年にわたって、天皇を中心に歴史の歩みを進めてきていますが、その姿にも、日本独自のものがあるように思われます。

世界の歴史において、多くの国が興り、あるいは滅び、あるいは現在も存在していま す。そうした国ぐにのほとんどが、ある時期には国王とかそういったなんらかのかたちで君主を中心に国家経営を行なっていたと思います。けれども、その多くは国自体が滅びてしまったとか、国は続いているけれども、王制というものは廃されてしまっています。今日では君主制そのものがきわめて少なく、ましてや日本の天皇制のように建国以来二千年の長きにわたって続いている姿は、ほとんど他に例をみないといってもいいと思うのです。そうした長き歴史、伝統を持っていることが、まず日本の天皇制の一つの特色だと思います。

そして大事なことは、その二千年の間、天皇は決して終始一貫権力者として国民を統治してきたのではないということです。建国の過程なりその当初においては、天皇がみずから政治の中心となって国を治めるという姿だったでしょう。しかしそれは、第一章でも述べましたように、武力をもって国民を圧迫するというのではなく、みなの幸せを願いつつ、徳による政治を中心としたのだと思います。建国の過程、あるいはそれ以後においても、やむを得ない場合には反抗、敵対するものを武力をもって平定したということはありましょう。しかし原則としては、いわゆる祭政一致とでもいいますか、一方で建国の祖、民族の祖先である皇祖皇宗《こうそこうそう》を中心とした神々をまつり、敬いつつ、一方で徳をもって国民を治めていくという徳政の姿ではなかったかと思います。そういうものがいわば建国の理念でもあったと考えられます。もちろん個々の天皇をとってみれば、いろいろな人がいたと思いますが、大きく一貫して天皇制というものを考えますと、そういうことがいえると思うのです。ですから人びとも、天皇に対しては、恐れつつ仕えるというのではなく、親しみ敬いつつしたがうという面があったのではないかと思います。

その後だんだん時代が進むにつれて、政治の実権というものは、天皇から時の権力者といわれる他の人びとの手にうつっていきました。古代においては、大伴《おおとも》氏であるとか物部《もののべ》氏、蘇我氏といった人びとが、その時どきにおいて実際の政治を行なっていたといわれますし、奈良時代、平安時代においては藤原氏が次第に力を強め、藤原道長[※1]にいたっては、「この世をばわが世とぞ思う……」といった歌を残すほどに権力を一身に集めたわけです。

けれども、そのように大きな権力を手にした人びとでも、それによって天皇にとって代わり、その位につこうとはしなかったのです。太政大臣であるとか、摂政であるとか、関白といった天皇を補佐するという立場、職責において政治の実権を行使したわけです。

そのことは、さらに時代がくだり、平氏や源氏、さらには足利氏から織田、豊臣、徳川氏といった武士が政権を握るようになっても同じことでした。

そうした武士たちは、武力をもってお互いに相争い、そして天下をとったわけです。けれども、その場合でも、時の権力者にとって代わるのであって、さらに進んで天皇の位をおかそうとする人はいませんでした。もちろん長い歴史の中には、天皇あるいは上皇を島流しにしたというような権力者もいましたが、そういう人でも天皇制そのものを廃するのではなく、天皇の位に対しては臣従しています。いわば、天皇の位というものは歴史を通じて少しも傷つけられなかったわけです。

徳に基づく権威

よくいわれることですが、昔の皇居である京都の御所には、堀とか石垣とかいったものがありません。ただ土塀がめぐらしてあるだけで、外からの攻撃に対してはまったく無防備といってもいい姿です。それに対して、同じ京都でも、徳川将軍の宿所であった二条城には、堀もあれば高い石垣もあります。これは二条城だけでなく、将軍はじめ各地の大名の居城というものは程度の差こそあっても、みな堅固《けんご》な防備をしつらえていたわけです。また、外国の場合でも、国王の宮殿というものはおおむねそういう姿にあるようです。

そういうことを考えてみますと、京都に都がうつされてから明治までの一千年あまりの長い間、しかもその間多くの戦乱がありながら、そのような無防備な御所をだれも襲おうとせず、無事が保たれてきたというのは、世界でも例をみないことではないでしょうか。まことにふしぎといえばふしぎなことです。

もちろん、人びとが天皇というものに価値を認めず、すててかえりみなかったというのなら、そういう姿も十分に考えられます。けれども、そうではないことは歴史をみても明らかです。たとえば、源氏に代わって鎌倉幕府の実権を握り、承久《じょうきゅう》の乱では三上皇を島流しにするなどした北条氏でも、みずからは執権という立場にあって、将軍には皇族を迎えることによって自分の権威を高めています。

また、戦国時代になって多くの武将が各地に割拠して天下を争った時でも、その人びとは、天皇のもとに伺候《しこう》し、忠誠を誓うことをもって本懐としていたといわれています。たとえば上杉謙信などは、そのためにはるばる越後から上洛していますし、織田信長にしろ、豊臣秀吉にしろ、そういう面が非常に強かったわけです。

そのように、多くの人びとが天皇の位というものに非常に重きをおき、その権威を認めていました。そして、先に述べたような防備もない平和な姿において、一千年の間、だれも御所を襲ったり、天皇の位をおかそうとはしなかったのです。

これは結局、天皇の権威というものが力による権威ではなく、建国の祖としての権威であり、同時にいわゆる徳に基づく権威だからではないでしょうか。代々の国民が意識するとしないとにかかわらず、そこに一つの精神的なよりどころというものを求めていたのではないかと思うのです。それは信仰に近いといってもいいような信愛と尊敬の念だと思います。

そういうものを代々の国民が天皇に対して感じていたのでしょう。またその時どきの権力者の多くも感じていたのだと思います。ですから、だれも天皇にとって代わろうとしなかったし、かりにそういうことを考えた人があっても、それは時の人びとの許すところとはなり得なかったと考えられます。

そのような建国の祖としての権威、徳による権威というものが、武力も権力も用いずして、天皇家を連綿として存続せしめた目にみえない力になったのだと思います。

明治維新を生んだもの

そしてまた、そのような権威は、わが国の存亡という非常時にあって、きわめて大きな力となったわけです。その一つは明治維新です。明治維新はゆきづまっていた封建時代から、新しい近代的な日本を誕生させた歴史の大きな転換期であったと思います。当時、欧米の先進諸国は次つぎと東洋に侵出し、そのためアジアの各国はみなといってもいいほど植民地化しつつあったわけです。その中で日本は、国内に、旧来の徳川幕府を守り、これを中心に近代化を進めていこうとする人びとと、幕府を倒して新しい秩序を生み出さなくてはならないとする人びとがあり、その対立が外国の介入をも招きかねないというきわめて危険な状態でした。一歩あやまれば、日本も国内が分裂し、そこから他の国ぐに同様、植民地化していたかもしれません。

しかし、幸いにしてそういう姿に陥らずにすんだのです。それは、当時わずかに十六歳であった明治天皇に徳川将軍が大政を奉還するというかたちにおいて、いわば平和のうちに一大改革がなしとげられたのです。もちろん、明治維新に際しては各地でいくつかの戦闘がありました。けれども、民主主義の進んだ時代ならともかく、まだ武力を中心とする気風の強かった封建時代にあって、全体としてはあれだけ平和裡《り》に大きな改革が行なわれ、政権がかわったことは、むしろ特筆すべきことではないかと思います。

それは維新の志士をはじめ当時の人びとが、自分の家、自分の藩、自分の幕府ということだけにとらわれず、日本のためにということを考えて行動したからでしょう。そこに一つの日本のよき伝統が働いたのだと思いますが、それもやはり中心となるべき天皇というものがあったればこそではないでしょうか。これがもし天皇というものがなく、単に徳川幕府とそれに反対する勢力の争いであったならば、ともに相手を倒すまで戦いぬこうとし、さらにそこに列強の干渉が加わったりして、日本は植民地化するといった大変な姿になったかもしれません。それが、幕府に反対する人びとはもちろん、将軍自身に、精神的中心である天皇には恭順の意を表するという気持ちがあったればこそ、大政奉還ということになったのだと考えられます。

そして、その明治維新を新しい出発点として、日本は明治天皇を中心に、国民一致のもとに力強い国家活動を重ねたわけです。明治期の政治というものは、天皇を中心とした、いわゆる立憲君主政治です。しかし形の上ではそうであっても、実際は天皇の独裁ではなく、民主政治としての色彩が強かったと思います。明治維新にあたって発表された五箇条の御誓文《ごせいもん》は、明治期の政治の基本的な考え方を示したものだといわれますが、その最初に「広く会議を興し、万機《ばんき》公論に決すべし」とうたっています。これは民主主義の理念をあらわしていると思うのです。

そして、そういうことはまた、明治憲法（大日本帝国憲法）というものを考えてみてもよくわかると思います。明治憲法は明治二十二年に発布されましたが、これはいわゆる欽《きん》定《てい》憲法であって、天皇が定めるというかたちをとっています。けれども、実際には伊藤博文を中心とした当時の指導者の人びとが、明治天皇の意を体《たい》しつつも、各国の憲法なり政治の姿をいろいろと研究し、また外国の政治家なり学者の助言を参考にしながら、当時の日本の国情に合わせてつくったものであることは周知の事実です。

そしてその内容も、天皇の独裁を定めたものではなく、民意を問いつつ政治を行なわなければならないとして、議会というものを開設することが定められているのです。そのように、天皇親政ではあるけれど、実際の政治を行なうにあたっては、天皇の独断で行なうのではなく、衆知を集めて民主的に行なっていくということであったわけです。

そのように、天皇を中心としつつも、いわば一つの日本的民主主義という姿で明治期の国家経営がなされたのです。その結果、明治初年には電気も汽車もないといった後れた姿で出発した日本は、明治の四十五年間で生活文化の面でも産業経済の面でもおどろくほど進歩発展しました。そして、事の是非はともかくとして、中国（清国）、ロシアといった当時の世界の大国と戦って二度とも勝利をおさめ、明治の末には、米、英、独、仏の先進国と並んで、世界の五大強国の一つといわれるまでになったのです。

天皇制がなかったら

太平洋戦争において、日本は連合軍を相手に四年近くにわたって戦いましたが、実力のちがいはどうすることもできず、本土決戦による玉砕か無条件降伏のいずれかという重大な岐路に立たされました。この時、指導者の中には、降伏しかないと考える人もいれば、まだ戦争を続行すべきだという強硬論をとる人びともいて、容易に結論が出ず、ついに天皇の裁断に俟《ま》つことになりました。前にも述べましたように、戦前の日本は天皇の親政でしたが、それはいわゆる独裁君主ではなく、憲法に基づく立憲君主制でした。つまり天皇が議会や内閣の補佐により、憲法の規定に基づきつつ政治を行なうようになっており、実際にも、議会なり内閣が決定したことを、天皇の独断で否決するということはしないような慣行になっていたといわれます。したがって、太平洋戦争の開戦については、内閣はじめ当時の指導者の人びとが一致して決定したことを天皇はそのまま承認されたのです。

しかし、終戦の時には、その内閣なり指導者の人びとの間で意見の一致がみられず、そのために天皇の裁断によって決定されることになったわけです。そこで天皇は、もはやこれ以上の犠牲者を出すにしのびないというところから、連合軍のポツダム宣言を受諾し、無条件降伏の詔勅が出されたのです。そして、その詔勅が出るや、それまで戦争続行を強く主張していた人びとも納得し、まとまりにくかった空気がピタリとおさまって、戦争は終結しました。

同じ第二次大戦の敗戦国であるドイツの場合、国土が戦場と化し、首都ベルリンが包囲攻撃され大きな犠牲をはらったあとで、最高指導者であるヒットラーが自殺してはじめて戦争が終わったのとは大変なちがいがあります。

天皇制というものには、それだけ大きな重みがあったわけで、もし日本に長きにわたる天皇制の伝統がなかったら、国民の心も危局にあたって一つにまとまらず、あのようにスムーズに戦争を終結させることはできなかったのではないかと思います。実際、連合軍側にしても、それまでの日本軍の死を恐れぬ勇敢な戦いぶりから、日本は本土決戦を選ぶかもしれない、だからそれを武力で制圧するには、非常に大きな犠牲をはらわなくてはならないとも考えていたようで、それが詔勅一つできわめて平和裡に終戦となったことにおどろいたともいわれています。

そして戦争が終わっても、天皇制というものは存続しているわけです。日本が連合軍によって占領された時、連合軍の中には天皇を戦争の責任者として罰すべきであるという考えもあったようです。

よく知られていることですが、終戦後間もなく、天皇は連合軍総司令官のマッカーサー元帥を訪問されました。その時天皇は、「戦争の責任はみな自分にあります。だから私を罰してほしい。国民は許してください」という意味のことをいわれたということです。そしてマッカーサー元帥も、その立派な態度に深く感銘したと、あとでその手記に書いています。

これはまったく天皇のお気持ちから出たものだと思います。それは単に天皇個人としてのお考えではなく、天皇家の伝統の精神がそこにあらわされていると思うのです。そして、いずれにしても連合軍は天皇を戦争責任者として罰することをしませんでした。のみならず、天皇は、新しい日本国憲法において、国民の総意に基づいて、「日本と日本国民統合の象徴」として定められ、一つの日本的な民主主義のあり方がそこに生まれたのです。

同じ第二次大戦で敗れたイタリアや、ソ連によってドイツから解放されたルーマニア、ブルガリアなどにおいては、国民は王制の廃止を望み、決定しています。さらにさかのぼれば、第一次大戦において敗れたドイツ、オーストリアの両国においても同じように皇帝は廃位となっているのです。

そのように多くの国ぐにおいては、敗戦という一大難局にあたって、王制が廃止されているのに対し、日本においてはそういうことにはならず、むしろ天皇を精神的中心として、あの危機に処し、日本の再建がなされたわけです。昭和二十一年元日の「新日本建設に関する詔書」にも、「天皇と国民の間は終始相互の信頼と敬愛とによって結ばれてきた」という意味の一節があります。この内容はまさにこれまでに述べてきたことを示すものだと思います。そしてまた、そういうところに日本の天皇制の根本精神があり、それが諸外国の場合とちがって、敗戦という危機にもかかわらず天皇制を存続せしめる力となったのだと思うのです。

元日の早朝からご親祭

天皇は現在、憲法に定められているように、日本と日本人の象徴として、内外ともに各方面でご健在ぶりを示しておられます。

天皇が、公務としてたとえば法律や条約を公布されたり、栄典を授与されたり、国内外の人びとと会見されたり、儀式を行なわれたりするなど、日本国憲法に定められているさまざまな国事にきわめて多忙な毎日を過ごしておられることは、よく知られているとおりです。けれどもそれだけでなく、天皇はもう一つの大事な仕事をしておられます。これは一般にはあまり知られていないようですが、宮中で代々行なわれてきた日本古来の、祖先を尊び、国家国民の幸せと世界平和を願い求めるためのさまざまな神事というか、祭儀を絶やすことなく続けておられるわけです。

今日、宮中での諸祭儀は、元旦の四方拝から大晦日《おおみそか》の大祓《おおはらい》の儀まで、一年の間に六十回あまりですが、そのうちの二十余回は天皇のご親祭だということです。多忙な国事とともに、そうした諸祭儀を守り行なわれるだけでも、まことに容易でないと思われますが、しかもそれらの多くは早朝とか深夜にとり行なわれるというのですから、非常に大変なことです。

けれども、天皇はこうした祭儀はすべてご自身の当然の役目と考えられ、誠心誠意尽くしておられるということです。

たとえば、年頭の四方拝の儀は元日の早朝にとり行なわれますが、これは天皇ご自身で行なわれる祭儀で、代行が不可能とされていると聞きます。すなわち天皇は、御一人で宮中賢所《かしこどころ》神嘉殿《しんかでん》前庭に設けられた御座に進まれ、伊勢神宮をはじめ四方の天神地祇《てんじんちぎ》、山陵を御拝になり、国家国民の安泰、国運の隆昌繁栄、世界の平和を祈念されるということです。真冬の早朝、明けやらぬ暗いうちに身を清め、衣裳を改めて、庭の白砂の上でのこの厳粛な御拝礼にのぞまれるわけです。われわれ国民がまだ寝静まっている元日の早朝に、皇居の中心においてすでに天皇によって、こうした国家国民の安泰、世界の平和を祈る儀式が行なわれていることを知る時、そこに何ともいえない粛然としたものが感じられるのではないでしょうか。

そして、いうまでもなく、こうした諸祭儀はいまに始まったものではありません。代々の天皇によって昔から続けられてきた宮中の祭事であり、また、国民のための祭事でもあるわけです。そうしたことが建国の初めからといっていいほどの昔から行なわれ、今日もなお続いているということは、日本と日本人を考える上でまことに大事なことだと思います。

代々の天皇がその立場において、たえず国家の発展、国民の幸せを祈念してこられたわけです。日本が今日ここまで発展してきたのも、一つにはそのように代々の天皇がこうした祭事に、また国事につとめてこられたからではないかとも考えられます。そして国民もそうした天皇の姿なり心というものを直接間接に感知し、そこに非常な敬愛の念が自然と生じ、天皇を精神的中心として日本を発展させてきたのだと思います。

そのように考えてきますと、日本の伝統精神というものは、本章に述べたような天皇家の姿の中にあらわれているのではないかと思うのです。いいかえれば、天皇制の中に日本の伝統精神がみられるということになると思います。

日本の伝統精神として考えられるものには、以下の章に述べるような衆知を重んじるということ、主座《しゅざ》※2を保つということ、和を貴び平和を愛好するということなどがあります。そういうものはすべてそのまま天皇制の中にあらわれていると思います。そのことについては、以下の章で具体的に明らかにしていきたいと思いますが、いずれにしましても、そのように天皇家というものが日本の建国の祖であり、天皇制の中に伝統精神があらわれているというところに、日本の天皇制の大きな意味があると思います。だからこそ、天皇制は日本の建国以来二千年にわたって連綿と続いてきたのであり、国民の精神的中心、敬愛の的として、いかなる権力者も天皇の位をおかすようなことをしなかったのだと思うのです。

したがってまた、天皇制の持つ意義というものはお互い日本人にとって何ものにも代えがたい、はかり知れないものがあると思います。かりに他の国の人びとが、日本の天皇制というものは非常に価値あるものだから、自分の国にもほしいと考えたとしても、これはつくることもできなければ、お金をもって買うこともできません。それほど貴重な得がたいものを日本人はすでに持っているのです。

その意義を日本人はよく知らなくてはならないと思います。そのことが、よりよき日本を築いていく上できわめて大切だと思うのです。

※1 平安中期の公卿（九六六～一〇二七）。一族の勢力争いを抑えて出世し、摂政や太政大臣を務めた。娘を次々に天皇に嫁がせ、親王誕生により天皇家の外戚となることに成功、摂関政治の最盛期を現出した。

※2 松下幸之助は「自主独立の精神」「主体性」などのニュアンスを込めて「主座」という言葉を用いた。

第三章

日本の伝統精神 ―〈衆知を集める〉

仏教伝来に際して

本章から、日本人の伝統の精神というものについて具体的に考えていきたいと思います。

その第一として、日本には、衆知を集めてものを考え、事を決するという伝統があります。

わが国の最古の歴史書ともいうべき『古事記』や『日本書紀』には、いわゆる神話という部分も含まれていることはよく知られていますが、その中で、高天原《たかまがはら》の八百万《やおよろず》の神々がいかにして共同生活を運営しているかが描かれています。それによりますと、つねに衆議によってといいますか、神々の知恵を集めて相談しつつ物事を行なっているのです。天照大神《あまてらすおおみかみ》は最高位の神ではありますが、独裁的に専断専行してはいないのです。つねに八百万の神々を集めて、「こういう問題があるが、どうしたらいいと思うか」とか「このことはだれにやらせたらいいだろうか」というように衆議にはかった上で、事を決しているわけです。

『人間を考える　第一巻』でも述べましたし、またあとでくわしく述べますが、ここでいう八百万の神々、いいかえれば日本の神々はすなわち人間であり、日本人の先祖であると考えられます。

ですから、そのように八百万の神々が天照大神を中心に衆議によって物事を行なっていたということは、とりもなおさず、日本人がずっと昔から、何かを行なう場合はいつも衆知を集めてやっていたことを示すものではないかと思うのです。

そしてそのことは、建国以後の歴史をみてもいえると思います。『日本書紀』によりますと、欽明《きんめい》天皇の十三年（西暦五五二年）に百済《くだら》の国から仏像と仏教の経典が贈られてきたことがありました。その時に天皇は、その使者から仏教についての話を聞き、「自分はこれまで、こんな立派な教えを聞いたことがない」と非常に喜ばれたということです。しかし「この教えを日本にとり入れるべきかどうかは、自分一人の独断で決めるわけにはいかない」というところから、人びとにその是非をはかった上で、仏教がとり入れられるようになったのです。

そのように、建国以後も日本人は、代々の天皇を中心に衆知によって物事を判断し、また行なってきたと考えられますが、そうした精神がはっきりと明文化されたものが、聖徳太子によって定められた十七条憲法だと思います。

その第十七条には、「それ事は独《ひと》り断《さだ》むべからず、必ず衆とともに宜《よろ》しく論《あげつら》うべし。小事はこれ軽し、必ずしも衆とともにすべからず、ただ大事を論うにおよびては、もし失《あやまち》あらんを疑う。故《ゆえ》に衆とともに相弁《わきま》うるときには辞《ことば》則ち理《ことわり》を得ん」とあります。

これはまさに、天照大神が八百万の神々にはかり、歴代の天皇が群臣の衆知を集めて事を決してきた、その伝統があらわれているものだといえましょう。そしてまた、これは真の民主主義の精神にも通じるものではないかと思います。形の上では主権在君という姿であっても、実質的には多くの人の考えが生かされ、それに基づいて政治が行なわれていたのだと思うのです。

末座の家臣に聞く

そのような伝統は、時代がくだってもずっと生きていたと思います。よく歴史小説やドラマなどでもみるのですが、武士の時代になると、大将が軍議というものをひらいて、家臣の意見を聞いている場面があります。そういうことが、いくさの場合でも、政治の場合でも行なわれてきたわけです。

たとえば織田信長という人は、ずいぶんワンマンな大将だったようですが、その信長でも、やはりつねにそうした軍議なり評定《ひょうじょう》というものをやっています。桶狭間《おけはざま》の合戦のような非常の場合でも、結果としては重臣たちの意見に反して、ただ一人城からうって出るといったことをしていますが、それとてもやはり意見を聞いた上で、なおその衆議を上まわる知恵をみずから生み出したということであり、その他の時は、重臣だけでなく、むしろ木下藤吉郎（豊臣秀吉）のようないわゆる末座の家臣にも発言させ、是とするものはどんどんとりあげています。

これはひとり信長だけでなく、昔の武将、政治家の多くがやっていたことで、また事実、そうした末座の家臣にも十分発言させ、その声をよく聞いた人ほど成功しているように思われます。

そういうことで、名君、良将といわれた人は、みな家臣の声、世間の声をよく聞き、それをとりあげ、衆知を集め生かしたのだと思います。また制度としても、たとえば鎌倉幕府においては評定所というものを設け、執権である北条氏を中心としつつも、合議制により、衆知を集めて政治を行なっていくようにしています。あるいは、徳川幕府においても、将軍を補佐する複数の老中をおき、そこで衆知によって政治を行なっていたといわれています。

このように武士の時代、いわゆる封建時代にあっても、やはりその時その時、その場その場に応じた姿においてできるかぎり衆知を集めつつ、最善の道を求めて共同生活の運営をしていくということが行なわれてきたわけです。

そして、明治維新になって、先にも述べましたように五箇条の御誓文というものが発表されました。これはそれ以後の日本の国家経営、国民活動の根本指針とされたわけですが、その第一条には「広く会議を興し、万機公論に決すべし」ということがうたわれています。これは一つには、当時の先進諸国における議会制度というものに学ぶところもあったと思います。しかし単にそれだけではなく、やはり長年にわたって培われてきた〝衆知によって事をなす〟という日本の伝統がそこにあらわれたものだと考えられましょう。

そうした政治とか国家経営という面だけでなく、衆知を集めるという伝統は、日本人の生活のいろいろな面にあらわれていると思います。

お祭りの意味は

『人間を考える　第一巻』においても述べたことですが、日本にはすぐれた先人を神としてまつるという伝統があります。外国で神という場合、概して超自然的といいますか、人間の力をこえた絶対的な存在と考えられています。全知全能にして天地万物を創造し、それを支配するものが神であるというように、人間とは別のものとして神を考えている場合が多いと思います。

それに対して日本の神は、そうした超自然的なものではなく人間自身だと思うのです。人間が死んで神になるといいますか、死んだ人間を神としてまつるということではないでしょうか。もっとも、だれもかれもみなまつるとなると、これは大変ですから、その中でも特にすぐれた人、立派な業績を残した人を神としてまつっているのではないかと思います。

日本の各地を旅行しますと、いたるところに神社があります。その多くは、いわゆる神話、伝説の中に出てくる神様を祭神としていますが、またその土地土地のすぐれた先人を祭神としている場合も少なくありません。たとえば水戸の常磐《ときわ》神社は『黄門漫遊記』でも有名な名君徳川光圀《みつくに》※1をまつったものですし、仙台の青葉神社は伊達政宗《だてまさむね》※2を祭神としており、そのように各地に、その土地のすぐれた領主をまつった神社があります。もちろん領主、名君だけでなく、万葉の代表的歌人柿本人麻呂《かきのもとのひとまろ》※3をまつった柿本神社や人丸神社、治水などに功績のあった人びとをまつった岐阜の治水神社や福岡の大堰《おおぜき》神社であるとか、明治維新の先覚者高山彦九郎※4を祭神とする高山神社、さらには、『人間を考える　第一巻』でもあげましたように、二宮尊徳《そんとく》※5とか佐倉宗五郎《さくらそうごろう》※6のような農民、庶民の中で人びとのために尽くした人をまつったところもあるわけです。そういうように、すぐれた人、世のため人のために尽くした人を神々としてまつっているのです。

そのように、日本においてはすぐれた先人を神としてまつる、いいかえれば神は人間であるというところに大きな特色があると考えられます。もちろん、それは、日本における神の考え方が正しくて、外国の場合はまちがっているということではありませんし、どちらがいいとか悪いとかいうものではありません。それぞれの国家、民族によって、神についての考え方が異なっていていいと思うのです。たとえば全知全能の絶対的な神というものを考え、その神の心をわが心とし、その教えにしたがってみずからを律し、高めつつ、共同生活を向上させていくというようなことは、それはそれで大いに好ましいことだと思います。

ですから、それぞれの国において、神についてのどのような考え方を持っていても、それはその国民の自由であって、いずれかを是とし非とするというようなことはしてはならないし、またする必要もないと思います。そのことがその国の人びとを不幸にし、外国に対しても悪い影響を及ぼすということでは困りますが、そういうことのないかぎり、すべてが認められ、自由に考えられていいと思うのです。

ただ日本においてそのようにすぐれた先人を神としてまつっているということは、そういった先人の知恵なり業績、いいかえれば代々の衆知に学び、それを現世に生かすという意味を持っているのではないかと思われます。

その時代において師表とあおがれた人、国家に対して功労のあった人、あるいは世の多くの人びとの幸せに貢献した人などをそれぞれ神としてまつったり、さまざまな仏やいわゆる祖師といわれる人びとを仏寺にまつって、そうした神社仏閣に折々に参詣したり、あるいは年中行事として季節季節にお祭りをして、みながそれに参加するというようなことを日本人は昔からやってきました。このような姿は、見方によっては、そこにまつられたすぐれた人びとの業績をあらためて考え直し、それにあやかるといいますか、それを自分の人生なり共同生活運営の教え、導きとしている姿だともいえましょう。

つまり、すぐれた人を神にまつることによって、そこに一つの理想を描き、それを手本ともし、目標ともして、自分を、ひいては共同生活を高めていこうとしたのだと思います。ですから神社仏閣なりお祭りといったものの本来の意義は、そのようにすぐれた先人を敬い、その魂をなぐさめるとともに、その人びとの知恵をわがものとしてとり入れ、それを共同生活に生かしていくところにあるのではないかと考えられるわけです。それだけに、お祭りというものは、古来日本人にとって、きわめて重要な行事の一つになっていたのでしょう。

そのような好ましい姿が、長い歴史の中において知らず識《し》らずのうちに一つの習慣となり、いたるところで行なわれ、うけつがれてきたということにも、衆知を集めるという日本のよき伝統があらわれていると思うのです。

海外に衆知を求めて

このような日本の伝統は、国内においてあらわれているだけでなく、外国に対した場合にもいえることだと思います。つまり、日本人は海外からも衆知を集めて、この日本の国を発展させてきたわけです。いいかえれば、外国のよいもの、すぐれたものを進んで受け入れ、それをわが教えとして生かすことによって、自分を高めてきたということです。

たとえば宗教については、インドで生まれ中国に伝わった仏教というものを、千数百年前から中国や朝鮮を通じてとり入れてきましたし、中世から近代には西洋からキリスト教を受け入れています。また道徳についても、古くから中国の儒教をとり入れ、これを政治の上、あるいは個々人の生活の上に生かしてきました。

その他、漢字であるとか、暦、美術や工芸などの手法、政治や社会の制度といったものを、古来中国からいろいろと学び、それを長い間に次第に消化吸収して日本の文化をつくりあげてきたことはよく知られています。そのようにして昔の日本人は、隣邦であり、また当時の先進国でもあった中国を中心とする外国から、多くのものを受け入れてきたわけです。

さらに近代に入ってからは、欧米先進国の進んだ科学技術、あるいは産業の知識、さらには法律などの諸制度、いろいろな思想といったものを受け入れています。長い鎖国のあと、いわゆる黒船の来航によって国をひらき、諸外国と交際してみると、それらの国ぐには非常に発展し、進んだものを一面に持っていたわけです。ですから、日本として、明治維新という一つの大きな改革を行ない、新たに近代化のスタートをきった時に、これから国を発展させていくために、そうした先進諸国に学ぶべきものは大いに学び、それを生かしていこうということを当時の日本人は考えたのだと思います。

前にあげた五箇条の御誓文の中にも、「知識を世界に求め、大いに皇基《こうき》を振起《しんき》すべし」という一条があり、そうしたことが国としての方針にもなったわけです。そして、そのように欧米の進んだ知識や技術をとり入れ、わが教えとして生かすことによって、日本の国、日本人の生活を非常に発展させることができたのです。

そのようにして日本人は二千年の間、一方では国内においていろいろなかたちでつねに衆知を集め生かしつつ、また一方で広く海外の衆知を吸収し、それによって日本を今日の姿にまで発展させてきたわけです。そこに日本の一つの大きな伝統があると思います。

ただ、そのように外国のものをとり入れ、海外から衆知を集めたといいましても、それは単に外国のものをそのまま日本に用いたのではありません。そうではなく、日本の伝統、国民性に即してこれを吸収し、生かしたわけで、日本人としての主座というものを保ちつつ、広く海外に衆知を求めたわけです。そういうところにも、もう一つのよき日本の伝統があると思いますが、これについては次章であらためて述べたいと思います。

※1　江戸前期の大名（一六二八〜一七〇〇）。第二代水戸藩主。勧農政策の実施や寺社改革など藩政安定に尽力し名君のほまれ高い。学問に親しみ、『大日本史』の編纂を始めるなどした。

※2　安土桃山末期から江戸初期の武将、大名（一五六七〜一六三六）。初代仙台藩主。出羽国（現在の山形県）米沢出身で東北南部に勢力を誇る。関ヶ原の戦いのあと、仙台に城下町を建設し、仙台藩六二万石の礎を築いた。

※3　七世紀後期の『万葉集』を代表する歌人（生没年不詳）。長歌様式の完成者とされ、『万葉集』に多くの歌を残している。三十六歌仙の一人で、のちに歌聖と称された。

※4　江戸中期の尊王論者（一七四七〜一七九三）。上野国《こうずけ》（現在の群馬県）出身。志を立てて上京し、公卿や学者と交流、三十数カ国を歴遊した。幕府の嫌疑を受け、九州・久留米で自刃。寛政の三奇人の一人とされる。

※5　江戸末期の農政家（一七八七〜一八五六）。徹底した実践主義と、至誠と勤倹力行《きんけんりっこう》の報徳精神によって、藩財政の立て直しや農村の復興に力を注いだ。

※6　江戸時代、下総国《しもうさ》（現在の千葉県）印旛《いんば》郡公津《こうづ》村の名主《なぬし》（生没年不詳）。佐倉藩領主堀田正信の新課税による農民の窮乏をみかね、時の将軍家綱に直訴した。年貢は減らされたが、宗五郎夫妻と四人の子どもは死刑となった。

第四章

日本の伝統精神 二〈主座を保つ〉

天皇はつねに主座に

以前、イギリスのエリザベス女王が来日された折に、テレビでそれを記念して、女王の戴冠式《たいかんしき》のもようを放送していました。それによりますと、女王は儀式にのっとって、カンタベリー大僧正《だいそうじょう》の前にひざまずき、王冠をさずけられるわけです。その時に、大僧正から「あなたは神の意志を体して、イギリス国民を慈愛をもって治めなさい」という意味のことをいわれ、女王もまたそのことを神の前に誓われるということです。

また、昔の中国では、天子というものは天がこれを立てるのであって、天子の行ないに適切でないものがあれば、天は他のよりふさわしい人に、その地位をとって代わらしめるのだという考えがあったようです。したがって、一つの王朝の中にいわゆる暴君が出て、万民を苦しめるといったような場合、別の英雄がこれを倒し、新たな王朝をひらくのは天命すなわち神の意志であり、当然のこととされていたといわれます。

そして、その即位に際しては、祭壇を築いて神をまつり、天命にしたがって天子の位につくことを神に誓ったわけです。

そうした外国の場合にくらべて、日本の天皇の場合は、そのようなことはないといわれています。即位に際しては、皇祖皇宗の霊に奉告し、誓うだけです。それは習慣のちがいといってしまえばそれまでですが、だれが決めたというのでもなく、いつとはなしにしきたりとなっているという姿の中に、おのずからなる日本の歴史、伝統があらわれているのではないかと思うのです。

昔から日本には、〝王は十善、神は九善〟ということばがあります。つまり、神仏よりも天皇の徳のほうが高いということで、天皇の位を神よりも上においているわけです。その点、先述のイギリスや昔の中国の場合は、王の位の上に神をおいている姿だと思います。それは神というものに対する考え方のちがいもあり、そのことの是非をどうこういうものではありませんが、ともかくも一つの考え方としてそういうものがあるのは事実だと思います。

前章において、日本はこれまで外国からいろいろな宗教をとり入れてきたことにふれましたが、代々の天皇は、そうしたいずれの宗教も国教とはしませんでした。宗教家に礼を厚くして教えを乞い、宗教家また礼をもってこたえたということはありましょうが、宗教家の前にひざまずくということはなかったと思います。

もちろん、代々の天皇の中には、たとえば仏教なら仏教というものを非常に立派な教えであるとして、これを尊び、進んでみずから信仰帰依《きえ》した天皇もいました。勅願寺《ちょくがんじ》というお寺まで建てて、国家の安泰や国民の幸福を祈願した天皇もいます。しかし、そのような場合でも、天皇自身が参詣するのではなく、いわゆる勅使を発して代参させておられたということです。天皇がひざまずいて祈るのは、建国の祖であり、日本国民の総祖先ともいうべき皇祖皇宗の霊に対してだけであって、宮中の賢所に仏像などを安置して、それに祈るということはなかったようです。

ですから、たとえなんらかの宗教に帰依する場合でも、個人的な立場で信仰するのであって、天皇の位においてそれを信仰するようなことはなかったと考えられます。天皇の位においては、つねに皇祖皇宗の霊をまつり、もろもろの宗教の教えはかたわらにおいて、これを尊んだということだと思います。つまり、いっさいの神仏を尊びつつも、その僕《しもべ》になるということはなかったと思うのです。

そういう日本の姿に対して、たとえば東南アジアの中には、非常に仏教を尊んで、国王が仏教につかえるという国もあります。そのような姿は回教国でもみられますし、西洋でもスウェーデンなどでは、国王はキリスト教のある特定の宗派を信仰するよう憲法で義務づけられています。そうした姿はその国ぐにの伝統なりしきたりであって、それはそれでその国にとって好ましいことだと思いますが、日本の場合はそれとはちがった姿になっているわけです。

また、奈良時代において、いわゆる大宝律令《たいほうりつりょう》を定めた時、中国から太政官制度というものをとり入れました。その際に、国民を治める太政官の上に祭祀をつかさどる神祇官《じんぎかん》を設け、その両者の上に天皇があるというように定めたということです。つまり、地の万民を統《す》べる太政官の上に祭祀をつかさどる神祇官をおき、その上に天皇があって両者を統括するという制度になっていたわけです。そこに、いっさいの宗教の上にあるといいますか、天地に冠たる天皇の主座というものがうかがわれるのではないでしょうか。

そしてそのように天皇にみられる、つねに主座を保つという姿、いいかえれば自分を失わないで自主性、主体性を持って教えを受け入れ尊びつつ、これを生かしていくということが、一つの日本人の国民性であり、伝統の精神だと思います。

漢字と平がな、カタカナ

前章で述べましたように、日本人は各時代を通じて、海外からいろいろな思想や文化をとり入れ、それによって国民生活を高め、国を発展させてきました。そしてその場合に、つねに自分の立場というものを失うことなく、しっかりと主座を保ち、それらを消化吸収し、日本化しているわけです。

たとえば文字一つをとってみても、そういうことがいえます。現在われわれは、文字として漢字と平がな、カタカナというものを使っています。この漢字というものは、いうまでもなく中国から入ってきたわけです。漢字が入ってくるまで、日本には文字らしい文字はなかったといわれています。ですから、そういうところへ漢字が入ってくれば、それがそのまま日本の文字となり、漢字一色ということになってもふしぎはないと思います。

ところが、実際にはそのようにはならず、その漢字をもとにして、いつの間にか日本のことばに合わせた平がなとカタカナをつくり出し、それを漢字とあわせ用いることによって、読み書きを非常に便利にしています。結局、漢字という一つの外国の文化を受け入れましたが、それをただ鵜呑《うの》みにするのではなく、日本の実情に合わせて、よりよいものにつくりかえていったわけで、そこに日本人としての伝統の精神が躍如としていると思います。

宗教については、先に代々の天皇がいかに主座を保ちつつこれを生かしてきたかということを述べましたが、それはそのまま日本人全体についていえることだと思います。いうまでもなく、仏教は二千五百年前にインドの釈迦が人間について、人生について深く考え、悟った教えです。そしてその後、一方ではタイとかベトナム、ビルマ（現ミャンマー）、スリランカなどの南方諸国に伝わり、一方では中国をへて日本に入ってきたものです。前にも述べたように欽明天皇の十三年（西暦五五二年）に百済から伝えられたともいわれていますが、いずれにしても、仏教の教えは次第に日本のすみずみまでといってもいいほどに広まり、日本の文化を形成する一つの大きな柱になっていると思います。

けれども、この仏教というものは、日本固有の考え方なり伝統なりがよくないから、そういうものをやめて、そのかわりにとり入れたというわけではありません。これまでに述べてきたような日本古来の考え方というものは、それはそのままにおいたわけです。そして、なおその上に仏教をとり入れれば、これまでより好ましい姿が生まれるにちがいないという観点から仏教を受け入れ、それを日本人なりに消化吸収してきたと思うのです。

仏教を受け入れた他の国ぐにの中には、仏教はまことに立派な教えだからとこれを非常に尊び、仏教の教えを中心にしていっさいの人が生きていこうとした国もあるようですが、日本はそのようなまったくの仏教国になってしまったのではないわけです。伝統の精神を堅持しつつ、人びとの精神生活に役立つと思われるものは、進んでどんどん生かしていこうとしたわけで、後にはそういう考えからキリスト教も受け入れています。

したがってまた、そのようにして受け入れていった仏教というものを、時とともに日本化していったわけです。特に中世に入って法然とか親鸞《しんらん》、日蓮といった人が出て、仏教本来の教えを生かしつつ、日本の国情に即した日本的な仏教といわれる新しい宗派をひらいています。そのため、多くの人びとが仏教徒となり、先祖の霊を仏壇にまつりながらも、神社にお参りしたり、お祭りに参加したりしているわけです。つまり、祖先の霊をまつるという日本の伝統に立ちつつ、その霊をまつる上でも仏教の教えを活用しているとも考えられます。

聖徳太子にみる日本の主座

そのように、日本人は仏教というものを一つの教えとして尊び、それをみずからの向上のために吸収しましたが、自分自身というものは終始一貫主座においてきたわけです。ですから日本の伝統というものを根に、仏教の花が生き生きと咲いたのだと思います。そして、日本において、いろいろな紆余曲折があったものの、仏教はどこの国よりも美しく開花したともいわれます。

これは道徳の面についてもいえることだと思います。日本における道徳についての考え方というものは、もちろん時代によってさまざまに変わっており、ある時代において是とみなされたことが、別の時代になると非とされるというようなこともあったでしょう。しかし、相当の昔から最近まで、その中心をなしてきたものは、儒教といいますか、いわゆる孔孟《こうもう》の教えというものではないかと思います。

日本人はこの教えを、政治や道徳などの面にいろいろ生かしてきています。たとえば、代々の天皇や為政者には、これをいわゆる帝王学として教え、また武士には武士道精神として、一般の人びとには礼の考え方を中心に日常生活における道義道徳として教えてきたわけです。そのように儒教についても、日本の実情にあてはめ、日本化してこれを役立てているのです。

聖徳太子によってつくられた十七条憲法は、世界最初の憲法といってもいいものであり、また人間の本質に即し、人情の機微をうがった、まことに高尚で立派なものだと思います。そしてこの十七条憲法には、仏教の精神も儒教の考え方も生かされているということです。

聖徳太子は摂政という当時の政治の最高責任者の立場にあって、政治のあり方、国家経営のあり方を考え、その指針としてあの憲法をつくられたのだと思います。太子はみずから三経義疏《さんぎょうぎしょ》というむずかしい経典のすぐれた解説書を書いてもいるように、仏教に対して造詣が深く、また儒教にも通じていたのでしょう。ですから、国家経営の基本となる憲法をつくるにあたっては、日本の伝統に立ちつつ、そうしたすぐれた教えを適切にとり入れたのだと思います。そこに今日にもなお通じるような、あのすぐれた憲法ができたのだと思うのです。

聖徳太子が、隋の煬帝《ようだい》に使いを送るにあたって持参させた国書は、「日出《い》ずる処の天子、書を日没する処の天子に致す、恙《つつが》なきや……」という文章で始まっていることはよく知られています。隋すなわち中国は当時の先進国であり、また日本よりはるかに大国であったわけですが、その相手に対して決して卑屈になることなく、独立国としての主座を持って対等に友好親善を深めていこうという気概を、太子ははっきり持っていたのだと思います。そしてそれはすなわち、日本の天皇の、また日本と日本人の伝統の精神のあらわれでもあるわけです。

外国人を雇った明治政府

明治になって、日本はこれからの世界にあって独立を保ち、国を発展させていくには、近代化をしなくてはならないということで、〝文明開化〟〝殖産興業〟〝富国強兵〟といった国是を掲げ、いわゆる官民一体となって、それにあたったのです。そして、そのためには進んだ西洋の知識を、政治、経済、教育その他社会のあらゆる面に導入することが必要であると考え、積極的にいろいろなものをとり入れました。

けれどもその際にも、やはり日本としての主座はしっかり保っていたわけです。当時

〝和魂洋才〟ということがいわれたそうですが、これはすなわち、日本人としての魂、いいかえれば伝統の精神というものは堅持しつつ、進んだ西洋の知識や技術をとり入れ、身につけようということだと思います。

事実、たとえば明治四年に、当時の立法府である左院の建議の一節には「彼（欧州諸国）ニ及バザル所以《ゆえん》ノ者ヲ反省シ、其《その》制度文物ヨリ一切ノ庶務ニ至ルマデ其善ナル者ノ我民情ニ愜《かな》フテ治躰《ちたい》ニ稗益《ひえき》アル者ハ之ヲ折衷採用シ、以テ並立ノ実効ヲ収メントス、是即《これすなわち》今ノ大目的トナスベキ事」とあるそうです。つまり、外国のものは大いにとり入れるが、ただなんでも入れようというのではなく、その中でいいもの、日本人の国民性に合うものを吸収し、生かしていこうという考えが、はっきりあらわれているわけです。

ですから、当時多くの外国人を日本に招き、いろいろな場で働いてもらっています。そしてそれらの外国人を待遇面では非常に優遇しているのです。たとえば、明治七年にいまの総理大臣に相当する太政大臣三条実美《さねとみ》の月給が八百円でした。いまの物価指数を当時の約四千倍として、三百万円以上になります。これ自体、今日の総理大臣の月給の倍以上であり、社会全体として収入も生活水準もいまよりはるかに低かった当時としてはきわめて高給だと思いますが、政府が招いた外国人の中には、それ以上の月給の人が十人もいて、そのうち三人は千円をこえる月給をもらっていたというのです。

そのように、待遇面では太政大臣を上まわる俸給を支払い、また風俗、習慣のちがう日本で仕事をしてもらう上でのいろいろな配慮をしてはいますが、その人たちに対しては、〝お雇い外国人〟と通称していたというのです。

つまり、主人公はあくまで日本であって、主人公の立場で、すぐれた技能や知識を持った外国人を雇ったわけです。その知識や技能に対しては十分な敬意をはらい、丁重に礼を尽くしつつも、日本としての主座を堅持していたわけで、決して外国人のいいなりになっていたのではないのです。だからこそ、そうした知識や技能も十分に生かされ、さらにそれが多くの日本人に吸収されたのでしょう。

すべてを生かした日本

そのようにいろいろなかたちで欧米諸国の進んだ文物をとり入れ、それによって政治制度や法律を整え、教育文化を高め、産業を振興し、軍備を充実させるなどして、日本を発展させた結果、いわばチョンマゲを切り、刀を捨ててわずか四十五年という短い間に、先にも述べたように、当時の世界の五大強国の一つといわれるまでになったのだと思います。

明治維新当時のアジアにおいては、多くの国が欧米列強の植民地と化したことは周知のとおりです。その中にあって、ひとり日本だけがそういう姿に陥らずにすんだということには、日本の地理的条件とか、あるいは欧米よりは後れていたとはいえ、なお当時の日本がアジアの中にあって相当に進んだものを持っていたなど、いろいろな理由が考えられましょう。しかしその根本となるものは、ここに述べたように、日本としての主座というものを堅持し、自主独立の国家経営を行なっていくという伝統の精神を、当時の指導者なり一般の国民が、意識するとしないとにかかわらず持っていたことではないでしょうか。そういう伝統の精神があああした国家の危急存亡の時に働き、それが近代日本を明治維新というかたちで開化せしめ、またそれから後の非常な発展を生んだのだと思います。

二千年の歴史を通じて、日本人がまったく一からつくり出した固有の文化というものは、きわめて少ないといわれます。われわれの衣食住に関するような日常的なものから、政治や社会のしくみ、産業のやり方、宗教や思想、各種の芸術など、そのもとは外国から入ってきたものばかりだともいえます。ほとんどすべてを外国から教えてもらったわけです。

しかし、それにもかかわらず、そのすべてを生かして、そこに独自の日本文化というものをつくりあげ、しかも最近になってそれが非常に外国の注目をあびている面があるわけです。禅をはじめとする仏教などもその一つでしょう。また茶道なども、もともとは中国から入ってきたにせよ、村田珠光《じゅこう》※1から千利休※2をへて日本的な茶道が完成し、それがだんだんと庶民化して、今日では広く海外にもさかんに普及しつつあるようです。

そうした仏教や茶道を代表的な例とする日本文化の姿こそ、主座を保ちつつ広く世界に衆知を求めてきた日本人のよき伝統をあらわすものであり、それはまた、そういう伝統の精神をもって今度は世界に報恩、貢献していくべきこれからの日本と日本人のあり方を示しているものではないかと思います。

※1　室町中期の僧（一四二三〜一五〇二）。茶道の祖。大徳寺の一休禅師に参禅。禅の精神を茶の湯にとり入れ、侘茶《わびちゃ》を創始。足利義政に茶道を指南したと伝えられる。

※2　安土桃山時代の茶人（一五二二〜一五九一）。千家流茶道の祖。織田信長、豊臣秀吉に仕え、「茶の湯天下一の名人」と称えられるも、秀吉の怒

りに触れて自刃。村田珠光に始まり武野《たけの》紹鷗《じょうおう》に引きつがれた侘茶を完成させた。

第五章

日本の伝統精神 三〈和を貴ぶ〉

興亡常なき世界の歴史

人間の歴史は、戦争の歴史だということがいわれます。たしかに記録に残された歴史だけをみても、一面そういうことがいえるようです。たとえば中国における司馬遷《しばせん》の『史記』であるとか、古代ギリシャにおけるトゥキュディデスの『戦史』、ヘロドトスの『歴史』といった古い歴史書の内容の多くは、戦争についてのものだといわれます。

中国においては、その後も、国内での諸王国の戦い、さらには周辺の諸民族との戦争が絶え間なく、時には元とか清というような異民族の支配下に陥るといった姿にもなっています。また、西欧においても、ローマ時代になってからも、同じように皇帝の位をめぐる国内の権力者の戦い、さらには異民族を征服するとか、反対にその侵略にあうなどローマを中心に争いが続き、時代がくだっても、百年戦争であるとか近代の植民地をめぐる国と国との戦争というものが歴史の大きな部分を占めています。その中には、本来人間を救い、人びとの上に平和をもたらすべき宗教を中心とした、いわゆる宗教戦争のようなものまであったわけです。

そういう世界の歴史の中にあって、日本はどうだったでしょうか。これはいうまでもなく日本においても、国内でも、また外国との間でも戦争というものは何度もありました。しかし、外国との比較においてみるならば、二千年という長い歴史を有する国としては、日本は戦争の経験を持つことが少なかったように思うのです。

世界の戦争の歴史は、同時にそれを通じての国ぐにの興亡の歴史でもあると思います。強い国が弱い国を武力で侵略し、これを征服したり、併合するということがくり返されてきているわけです。ですから、世界全体としては、国と国とが戦争に明け暮れ、興亡常なきといった姿がそこに生まれてきています。

そうした中にあって、日本は外国の侵略を受けて国が滅亡するということはもちろんありませんでしたし、日本が侵略を行なったということもきわめて少ないと思います。日本人が進んで外国を攻め、これと戦ったことは、どれくらいあるでしょうか。古代における朝鮮半島での戦争、秀吉の時の高麗、明を相手の戦争、さらに近代になって明治期における日清、日露の両戦争と、第一次、第二次の世界大戦などで、十指に満たないといってもいいと思います。これをギリシャ、ローマの昔から、いわば戦乱と侵略とをたえずくり返してきたヨーロッパ先進諸国の歴史なり、周辺の民族と互いに攻めつ攻められつしてきた中国の歴史などとくらべてみると、いかに少ないかということがわかると思います。

千四百年前、憲法第一条にうたう

こうした姿は、一つには、日本が四方を海に囲まれた島国であるということにもよりましょう。攻めるにせよ、攻められるにせよ、船に乗って海を渡っていかなくてはならないという国と、大陸の中にあって、周囲がすべて他国と接しているという国とでは、そこにおのずとちがうものがあるといえましょう。日本人の戦争体験が少ないという一つの理由はそこにあると思いますが、しかし同じ島国であっても、武力をもって七つの海を制し、世界の各地に植民地をつくりあげたイギリスのような例もあります。ですから、単に島国であったということの他に、そこにもう一つ、日本人には昔から平和を愛好する精神があり、それが日本のもう一つのよき伝統をなしているといえると思うのです。

これまでにも聖徳太子の十七条憲法というものをとりあげてきましたが、その第一条に「和を以て貴しとなす」とあるのは、あまりにも有名です。人間はお互いに仲よくすることが大切であって、争いや戦争などをしてはならない、和の精神を貴び平和を愛好しなくてはならないということだと思います。

今日、世界の国ぐにが相寄って、国際連合というものをつくり、争いをなくし、平和を維持していこうとしています。また、日本国憲法にも平和愛好の精神がうたわれていますけれども、そうした平和の精神、和を貴ぶ心は、日本においてはすでに千四百年前に、国家の基本法である憲法の、しかも第一条にはっきりと掲げられているのです。もちろん、和を貴ぶことの大切さ、平和を愛することの必要性を説き、教えた聖人、哲人といわれる人びとは、洋の東西を問わずそれ以前にも数多くいたことと思います。十七条憲法の中に生かされているといわれる仏教や儒教の教えにも、当然そういうものがあるでしょう。けれども、まだ人知もそれほど進んでいない千四百年前に、それを憲法の第一条にはっきりとうたって、国家経営の指針とした国がはたして他にあるでしょうか。

そういうことを考えてみますと、日本人には世界の他の国民にもまして、本来、平和愛好の念に強いものがあり、そういうところに、日本人としての伝統の精神の一つの根底があるといえると思うのです。

人間はもろもろの欲望というものを持っています。そして、その欲望を満たそうとして、個人としても集団としても、とかく他と争ったり、戦争をしがちです。人間の歴史が一面戦争の歴史だといわれるのも、そういう欲望を人間が持っているからでしょう。

しかし、争いや戦争は人間をお互いに傷つけ、不幸にするだけであり、またそういう姿では衆知も集まりにくいわけです。ですから、それはしてはならないことであり、つねに「和を以て貴しとなす」という気持ちを持っていることが大切なのです。そういう気持ちを持っていれば欲望も適当に制御されて、それはむしろ向上発展の原動力ともなり、個人の上にも共同生活の上にも好ましい姿が生み出されてくるでしょう。

そういう考えが、日本人の伝統の精神として知らず識らずのうちに培われてきたのであり、それが聖徳太子によってはっきりと認識され、さらに仏教や儒教という立派な教えに照らして考えられて、憲法の第一条に明記されたのではないかと思うのです。

そして、それによって、その和を貴ぶ教えというものは、一段と強くこの日本で守られるようになったのではないかと思います。武力に訴え戦争をしてでも自分の欲望を満たそうという性質は、いわば人間の本能というか普遍的本性としてあるものでしょうが、「和を以て貴しとなす」という日本の伝統精神は、そうした本能を抑制し、正しい方向に導くように働いてきたのではないかと考えられます。

敵に塩を送った上杉謙信

もちろん、そういう好ましい姿がつねにあらわれていたというわけではありません。時には人間の欲望というものが、和を貴ぶ精神を上まわるとか、あるいは人びとがそうした伝統の精神をいささか見失って、利欲に走ったり、権勢にとらわれたりして、とかく平和を乱すような姿があらわれたことも、日本の歴史の上にあったわけです。

けれども、そうした時でも伝統の精神はやはり日本人の心の根底に生き続けてきたのではないかと思います。たとえば、人びとが互いに武器をとって争い、多くの人の血が流されたあの戦国時代における戦争の場合でも、どことなく潤いというものがあったように思われます。一つの戦争の勝敗が決まり、一方の軍が勝ち、一方が負けた時に、勝ったほうの大将が負けたほうの大将の首実検をします。その場合、それを非常に丁重に、礼をもって行なったということです。「あなたは武運つたなくしていくさに負けたけれども、立派ないくさをされた。だから私は心から敬意を表する」というようにして、首にあいさつをするというか、礼をささげたわけです。そういうところに、まことに興味深いものがあると思います。

戦争それ自体はやむを得ずしたけれども、しかし負けた相手に対しては十分な敬意を表して、ねんごろに弔《とむら》う。そういう姿をもって、当時の人びとは、いくさの道、武士《もののふ》の道、人の道としたわけです。単に憎しみをもって相手を倒すということとはちがったものが、そこにあると思います。したがってまた、たとえば上杉謙信はたとえ敵であっても困っている場合には塩を送るとか、島津義弘※は朝鮮との戦いのあと、双方の戦死者の霊をまつるため高野山にお墓をつくったというように、敵も味方もいわゆる一視同仁といった姿が数多くみられるわけです。こうしたことは、和を貴ぶ伝統の精神がそこに力強く生きていたからこそ生まれた姿だと思います。

そして、そうした戦国時代が終わり、徳川幕府の世になると、そこに二百五十年もの長きにわたる太平の世が続くわけです。もちろんその間に、天災地変があるとか、社会にもいろいろ問題は起こったと思いますが、外国との戦争はもちろん、国内での戦いもなく、平和が保たれていました。しかも、徳川幕府は武力によって天下をとったものの、それ以後の政治を行なっていくについては、必ずしも武力によって進めたわけではありません。むしろ儒教のような学問を研究、奨励し、いわば人間哲学というものを基礎において政治を進めることを理想とし、そういう考えに立って実際の政治を行なっていたようです。

武家である徳川幕府が、そのような徳行《とっこう》政治とでもいうべき姿で政治を行なったこと、そして、それによって、二百五十年もの長きにわたり平和が保たれたという、世界にもあまり例をみない状態の中に、やはり和を貴ぶ日本の伝統精神がうかがわれると思います。

「よもの海みなはらからと……」

明治になって、今日までの百年あまりの間に、不幸にして日本は何度か外国と戦火をまじえる結果になりました。そして、先の太平洋戦争において、世界の連合国を相手に戦い、それに敗れたのです。

そうした近代における日本の姿をみて、日本人は平和を愛するよりも、戦争を好む国民だ、それが日本人の国民性なのだとするような見方が、日本人自身の間に一部生まれてきています。たしかに、近代日本の歩みを一面だけからみれば、そういう見方もできるかもしれません。しかしそういう一面だけをみて、日本人は本来好戦的で軍国主義的な国民だと考えることは大きなあやまりだと思います。

やはり、長い歴史の中で日本人はどういう歩みをし、どのように考えてきたかということから判断しなくてはならないと思うのです。そして、二千年の歴史は、日本人が本来和を貴び、平和を愛し、お互いに仲よくしていこうとする国民であり、そういう伝統の精神を持っていることを明らかに示しているといえましょう。

明治天皇の御製《ぎょせい》に、

よもの海みなはらからと思ふ世に
　など波風のたちさわぐらむ

という一首があります。この御製が詠《よ》まれたのは明治三十七年、すなわち日露戦争の年ということです。そういう年に、当時の国家元首であった明治天皇によってこのような御製が詠まれているわけです。

ですから、不幸にしてやむを得ない事情から、国と国とが敵味方に分かれて戦火をまじえることになりましたが、それは決して相手憎しという感情から戦ったのではないといえましょう。天皇のほんとうのお気持ちは、外国の人びとをみな〝同胞《はらから》〟すなわち兄弟同様に親しく大切に思うものだったと考えられます。

そして、そうした外国の人びとを兄弟同様に大切に思う心は、ひとり明治天皇だけでなく、当時の日本人の心であり、考えだと思います。日本人の考えを天皇がいわば代表してあらわしたと考えられると思うのです。そしてさらにそれは、単に当時の日本人の考えをあらわしているだけでなく、代々の日本人の考え、すなわち日本の伝統精神というものをあらわしているものだともいえましょう。

今日、日本は憲法の前文において「恒久の平和を念願し」ということをはっきりと掲げ、平和愛好の精神をうたっています。しかし、そういう精神は決して戦後になって突然に生まれたものではないわけです。日本人はもともとそうした精神を民族の伝統として持っているのであり、そのことを忘れてはならないと思います。そういうことを忘れて、いたずらに平和をうたっても、それはきわめて底の浅い脆弱《ぜいじゃく》なものに終わってしまうのではないでしょうか。

長い歴史を通じてうけつがれてきた〝和を貴ぶ精神〟、それをはっきりと認識し、その上に立って真の平和というものを求めていくことが、日本自身のためにも、また世界のためにもきわめて大切ではないかと思うのです。

※　安土桃山から江戸初期の武将、大名（一五三五〜一六一九）。兄義久とともに九州統一を進めたのち、豊臣秀吉に降伏。文禄《ぶんろく》・慶長《けいちょう》の役《えき》で朝鮮に出兵し奮戦。関ヶ原の戦いでは西軍に属し敗北するも、所領を安堵《あんど》された。

第六章

失われつつある日本の伝統

世界に通じる日本人の精神

これまで日本の伝統精神について、衆知を集めるということ、主座を保つということ、和を貴ぶということの三つを中心に述べてまいりました。

もとより、日本の伝統精神、日本人の特質はこれに尽きるものではないと思います。たとえば、日本人は報恩の念に厚いといわれます。欧米の人びとであれば、権利とか義務というものを中心に物事を考える場合が多いと思いますが、日本人にはそれにとどまらないものがあって、一をもらえば、その恩返しとして、二も三も返すという精神を持っています。もし、これを権利義務という面だけから考えれば、一をもらった時には、当然一だけを返せばよいということになるでしょう。

動物であれば、一をもらっても何も返しません。権利義務で考えた場合には、一だけのものは返すわけです。けれども報恩の念に立てば、二にも三にもして返すということになります。あるいは、それだけ返してもまだ足りない、返しきれないと考えることもありましょう。つまり、物の面にとどまらず、物と心の両面を同時に考えるわけです。そういうところに日本人の一つの特質があり、そしてそれはある意味では、最も人間らしい心の働きではないかとも考えられます。

その他、きめこまかな心くばりであるとか、自然や美を愛する心とか、礼節を重んじるとか、勤勉であるなど、日本人の国民性としてあげられるものはいろいろありましょう。もちろん、中には必ずしもいいことではなく、むしろ欠点と考えられるようなものもあるでしょうが、ここにあげたような好ましい特質を、日本人は先祖代々の伝統としてうけついできているということがいえると思います。そしてこうした日本人の特質は、結局のところ、本来人間が持っている、最も人間らしい精神が、日本特有の気候風土とか長い歴史上の体験などによって磨かれて、次第しだいにあらわれてきたものだと考えられるのではないでしょうか。

そういう意味からすれば、ここに述べた日本人の国民性、日本人の伝統の精神というものの多くは、一面日本人特有のものともいえますが、また一面、そうしたものをたまたま日本人が強く持っていたということであり、そのような精神は本来すべての人間が多かれ少なかれそなえており、またそなえるべき点だともいえましょう。それらを人間からまったくとり去ったならば、人間は人間でなくなり、単に知識ある動物にすぎなくなってしまいます。まさに、これまでに述べたいろいろな日本人の特質は、人間を人間として支えている大切な柱となるものだと思います。

つまり、日本人の特質、日本人の伝統の精神の中には、普遍的な人間精神といいますか、自他ともの繁栄に結びつく精神という要素が多く含まれているといえるのではないでしょうか。したがって、そのような精神は、ひとり日本人だけが持っていればいいというのではなく、他の国の人びとにとっても、こうしたものをみずからの心の中に養い高めていくことが好ましいし、一面大切ではないかと考えられます。そのことは、その人びと自身の幸せ、ひいては世界全体の繁栄なり平和なりにも結びついてくると思います。そのようなすぐれたものを、日本の伝統精神は数多く持っているのではないかと思うのです。

復興再建を推し進めたもの

それでは、そういった日本人の伝統の精神は今日どうなっているのでしょうか。お互い日本人は、そうしたものをみずからしっかりと認識し、その伝統の精神をうけつぎ、これを今日の民主主義の時代に生かしつつ、その上に立って国家経営なり社会各般にわたる国民活動を行なおうとしているでしょうか。

これについてはいろいろな見方ができるかもしれませんが、概していえば、今日、日本人はそのような日本の伝統精神というものを見失いつつあるのではないか、伝統の精神が日本人の間からうすれつつあるのではないかという感じがします。日本の歴史、伝統を尊び、そこにいっさいの基礎をおいて物事を行なうというのでなく、むしろそれを軽視したり、あるいは否定するようなものの考え方も一部にはみられるように思います。そして、そういうところに、今日の社会におけるもろもろの混乱、混迷が生じてきた大きな原因があるのではないかという気がするのです。

そうした姿は、いわば伝統精神の喪失ともいうべきものかもしれません。そしてそれは、終戦以来今日までの三十有余年の間に、次第しだいに失われてきたのではないかと思います。

日本は太平洋戦争において、アメリカやイギリスをはじめ、世界の多くの国ぐにを相手に四年近くにわたって戦いました。その戦争は、最初の三年間は日本の国の外で行なわれましたが、最後の一年は、国外と同時に国内でも行なわれました。といっても、国内の場合は、日本が一方的に攻撃を受けただけのものであって、数多くの都市が空襲による爆弾の雨にさらされたわけです。

その結果、日本はわずか一年の間に、町といわず建物といわず、地上に建設されたものの大半が破壊されて、一面の焼け野原になってしまいました。そうした姿で、日本人は終戦を迎えたのです。

ですから終戦当時の日本においては、多くの日本人は住むに家なく、着るに服なく、またその日の食べる物にさえ事欠くといった状態でした。日本人は、焼け野原に立ちつくし、瓦礫《がれき》の山を前にして、呆然《ぼうぜん》としてなすすべを知らないようなありさまでした。けれども、やがて気をとりなおし、勇気をふるいおこして、わが家の、わが町の、そして日本の復興再建にとりかかったのです。

その復興を推し進めるにあたっては、もちろん幾多の困難な壁ともいうべきものがありました。しかしそれでも、多くの日本人が努力につぐ努力を重ねて、それらの壁を一つひとつのり越え、一歩一歩再建を進めてきたのです。その結果、一面において、世界の人びとがおどろくほどの立派な姿にまで、日本を復興発展させることができたわけです。

そのような復興発展を推し進めてきた力といいますか、原因はどういうものだったのかといいますと、考え方はいろいろありましょう。日本の教育水準なり教育の普及度が高かったこともあるでしょうし、また、アメリカをはじめとする諸外国の援助によるところも非常に大きなものがあったにちがいありません。その他さまざまな要因が考えられると思います。

けれども、いちばん大切な、忘れてならないことは、復興にとり組んだ当時の日本人自身の心の中に、お互いをしてふるい立たしめる何ものかがあったということではないでしょうか。困難にもめげず、歯をくいしばって奮起し、努力せしめる何かが、日本人自身の心の中にあったからこそ、戦後のわずかの間に世界がおどろくような復興再建がなしとげられたのだといえましょう。現に、戦後の世界において、日本と同じように外国の援助を受けた国は多くありますが、そういうものを日本ほど生かし得た国はないと思います。その姿一つをみても、そうしたことがいえるのではないでしょうか。

そして、その日本人の心の中にあったものこそ、これまでに述べてきたような、長い日本の歴史を通じて培われ、いつの時代の人びとの心の中にもあったと思われる、日本人としての伝統の精神、いわゆる日本精神ではないでしょうか。

物は空襲によって焼けてしまっても、精神というものは焼けたりはしません。ですから、日本人の伝統の精神は、空襲や敗戦によっても失われることなく、当時の日本人の心の中に残っていたわけです。

その貴重な日本人の伝統の精神が、終戦当時から今日までの間に、次第しだいに失われつつあるように思えるのです。

占領軍は何を考えたか

ふり返ってみますと、戦争で勝って日本に進駐してきた占領軍は、占領行政を進めるにあたって、将来における日本と日本人のあるべき姿というものをいろいろ考えたことと思います。その際に、ともかくも物の面については、これは直ちに復興していかなければならないということで、日本に対してさまざまな援助を与え、相当の力を貸してくれました。もし、そうした援助なり協力がなかったら、これほどスムーズな復興発展はあり得なかったことはもちろん、あの物資の欠乏の中で、多くの餓死者を出すような悲惨な姿になっていたかもしれません。ですから、そのことに対しては、日本人は大いに感謝しなければならないと思うのです。

けれどもその一方、精神の面について占領軍はどう考えたのでしょうか。もちろん、実際のところははっきりとはわかりません。しかし、だいたいにおいて推測できることは、日本人のそれまでの死をも恐れぬ勇敢さ、四年もの間、一国で連合国を相手に戦いぬいた戦いぶりなどからして、将来再びこうしたことが起こらないように、日本人には、もう少しおとなしく、また精神的に弱くなってもらったほうがいいと考えたのではないでしょうか。

もちろんそれは、それまで日本軍と血を流して戦ってきた占領軍としては、将来における自国の安全、ひいては世界の平和を考える上からも、一面やむを得ないといいますか、当然のことであったと思います。

それでは、どうすればその日本人の精神を弱めることができるかということが、次に考えられたのでしょう。そして、「戦争を通じて、日本ではいわゆる大和魂《やまとだましい》、武士道精神など、伝統の精神というものが声を大にして叫ばれていた。そうしてみると、この日本人の伝統の精神が、日本人をしてその心を戦争に向け、勇敢に戦わしめた原因にちがいない」と、だいたいにおいてそのようなことを占領軍は考えたのではないかと思われます。

その結果、日本人をおとなしく、精神的に弱くするには、この日本人の伝統の精神を弱め、うすれさせることが何よりも肝要である、ということになり、そうした考えに立って、いろいろな占領政策が立案され、実行された面があったと思うのです。

けれども、日本に対してあらわに「伝統の精神を弱体化せよ」ということはできません。そこで、たとえば教育の面において、まず歴史を教えないようにして、日本の過去を日本人の目にふれさせないとか、愛国心ということばを教えてはならないとか、あるいは伝統的な道義道徳を教えてはならないというような占領政策がとられたわけです。さらに新憲法の制定を行ない、民主主義を中心としたいろいろな考え方や制度というものを日本に導入しました。

もちろんそれらの諸政策には、旧来の日本の社会におけるいろいろな好ましからぬ姿を是正するというプラスの面も非常に多くあったと思われます。けれどもその反面、そういったものを日本人自身が性急にとり入れ、そのためにたとえば民主主義の本質に対する正しい理解を欠くというような面もあったりして、結果的には、伝統の精神というものが、次第しだいに弱められてきたのではないでしょうか。

そのように占領軍が日本人の伝統の精神を弱めようとしたのは、必ずしも悪意によるものではなく、おそらく先にも述べましたように、世界の平和とか、自国と日本の国民の幸せを願う善意によるものだったのでしょう。けれども、日本人の心の中から伝統の精神が次第にうすれ、影をひそめるようになってきた結果、戦後四十年近くたった今日、どういう姿が生まれてきたでしょうか。はたして、日本人は世界の平和に貢献し、また安定した国家経営、幸せな国民生活を営んでいるでしょうか。

今日の日本の姿をみますと、一面たしかに町は復興し、産業経済は発展し、あらゆる物資がゆたかに生み出されています。しかしその一方、社会の各面においていろいろと好ましくない問題がたえず起こっているという状態でもあります。

新聞には連日のように、人が殺されたり傷つけられたり、あるいは各種の事故によって多くの尊い人命が失われたことが報じられています。さらに道義道徳心の低下、あるいは政治をはじめ社会の各面にみられる不信感に基づく対立や争いなど、数えあげればきりがないほどの好ましからざる姿が、日常お互いの身のまわりに、また社会の各面に起こっているのです。

考えてみれば、日本人は戦後このかた、物の面の復興発展だけに心をうばわれて、日本人としての精神のあり方については、ほとんどかえりみることがなかったのではないでしょうか。そのために、今日、物はゆたかになったものの、その反面においてお互い日本人の精神は、極端にいえば乱れに乱れ、人びとは心の支えとなるようなものをどこに求めたらいいのかわからないといった状態になりつつあります。

物の面は一年間の空襲で破壊されましたが、その後すっかり復興し、発展しました。しかし、心の面は一朝一夕には破壊されなかったものの、戦後から今日までの間に、次第しだいに伝統の精神がうすめられ、弱められてきました。そしていまや、その弊害が各面においてあらわれはじめているということができると思うのです。

日本人の血の中には

今日、日本人の伝統の精神が弱められた結果、そこには、再び物の面での破壊という姿がもたらされているように思われます。お互い日本人が伝統の精神に立って、懸命な思いで復興にとり組み、営々として築きあげてきた成果が、今度はその精神自体の荒廃のために、日本人自身の手によってこわされつつあるのです。

これまで世界の人びとがおどろくような急速な発展をとげた経済にしても、今日ではさまざまな問題に直面しています。これには世界の経済全体がきわめてきびしい状況にあることの影響であるとか、あるいは経済の運営自体に適正を欠いたということもあるでしょう。しかしそういったいわば物的な面での原因もさることながら、やはりより大きくは、精神の弱体化による社会の混迷に原因している面も多々あると考えられます。

ですから、このままではいけません。このままでは破壊が破壊を生み、日本はとり返しのつかない混乱、混迷の状態に陥っていくおそれがあります。日本人が、今日に生きるお互いの幸せと、明日に生きる人びとの幸せを願うならば、いまこそ日本人としての精神のあり方というものをあらためて考え直さなければならないと思います。そして今日ではほとんどうすれてしまった伝統の精神をとりもどすことに、それぞれがそれぞれの立場において、真剣にとり組んでいかなければならないと思うのです。

けれども、すでに日本人の心の中からうすれつつある伝統の精神を、また再び日本人がとりもどせるでしょうか。そういう疑問も当然起こってくると思います。しかしそれはできると考えられます。たしかに伝統の精神はうすめられ、弱められつつありますが、日本人が日本人であるという本質自体は少しも変わってはいません。日本人が住んでいる国土は同じ国土であり、その体の中には先祖代々の日本人の血が脈々と流れているのです。ですから、今日の日本人の心の奥底には、いわば潜在的に日本人の伝統の精神が残っていると思われます。

したがってわれわれは、そのお互いの心にひそむ潜在的な伝統の精神を表面にあらわし、現代民主主義の感覚を持って伝統の精神のよさを生かしていかなければならないと思うのです。日本人がそのような精神の復興に成功してはじめて、この日本に真に物心ともの復興発展がもたらされるのではないでしょうか。

〝玉を抱いて罪あり〟

過去に日本人は、つねに日本人としての主座を保ちつつ、海外から多くのものをとり入れてきました。ところが、その主座を保つという好ましい伝統の精神が、これまでに述べましたように次第しだいにうすれつつあるわけです。そして、そういうところへ、一方では民主主義であるとか、マルクス＝レーニン主義、あるいは自由とか平和とかに関するもろもろの主義思想がいっせいに広まってきました。

それらの主義思想、ものの考え方は、それぞれに人間の歴史の中で、その時代時代の衆知なり立派な見識から生まれた、すぐれた面を持つものであり、みずからの主座に立ってこれを生かしていくならば大きなプラスとなるものだと思います。そして、主座を保つという伝統の精神をうけついだ日本人は、戦後においても一面にそういうことをやってきたと思います。たとえば民主主義によって、旧来のいわゆる封建的な社会のしくみや考え方を是正し、お互い国民が主権者として国の政治に参加したり、各人が自由にのびのびと活動できるようになったなど、それなりの好ましい姿を生み出してきた面はあったと思うのです。

けれども、同時に一方では、そうした好ましい伝統の精神自体がうすめられ、日本人としての主座というものがはっきりしなくなったために、それらを十分生かしきれなかったという面が多分にあったのではないでしょうか。そのため、それらのものの考え方のとり入れ方なり解釈の仕方、あるいは生かし方といった点に必ずしも適切でないものがあり、それがいろいろ好ましくない姿を生み出してきているのではないかと思います。

たとえば民主主義にしてもそうです。民主主義というものは、本来各個人の自由を尊重するものではありますが、それとともに、非常に規律のきびしいものだと思います。つまり民主主義は、人びとが自分たちで定めた法律や約束事をそれぞれに正しく守りあうことによってはじめて成り立つものだと思うのです。ところが今日の日本には、民主主義の下では自分の好きなことをしていいのだというような自分勝手な解釈をして、他の人の迷惑になることなど気にもとめない人も少なからずあるようです。

また、民主主義ということで各個人の権利が強調され、それぞれが自分の考えを大いに主張することがいいのだというようになってきました。これはたしかに好ましいことだとは思いますが、しかし今日では一面それがゆきすぎたかたちとなり、往々にして自分の考えだけにとらわれて他をかえりみようとしないという風潮が強くなってきたようです。

そうしたことは、他の主義主張や考え方についてもいえることです。つまり、主座に立つことを忘れて、一つの考え方にとらわれたり、それを絶対的なものと考えて、他の考え方を非難したり排斥したりという姿がみられるわけです。そのために、政治をはじめ社会の各面において、いろいろな対立や争いが生まれ、混乱の多い姿をあらわしているのが現状だといえましょう。

たとえば昨今は、国家社会全体の今後の発展に不可欠だと考えられる道路や空港など、いわゆる公共施設の建設が、なかなかスムーズに進まないという姿があります。先般、日本の表玄関としてようやく開港した成田の新東京国際空港にしても、できあがるまでに十二年の長い歳月がかかっています。しかもそれはまだ一部未完成で完全なものではなく、世界の経済大国の表玄関にふさわしいものとはとうていいえないのが実情です。また建設のための費用が当初の計画を大幅に上まわり、その過程においてさまざまな問題が引き起こされたことも周知のとおりです。

なぜそのようなことになったのかといえば、その一つの大きな原因は、やはり国民の間にみられる勝手気まま主義の風潮にあると考えられます。公共の利益というものをかえりみず、個々の利害や主義主張に基づいて空港建設に反対する人が少なくない一方で、それらの人たちを説得し真の民主主義を推進すべき政治の側にも、力強い信念、態度がみられません。成田空港の建設が進められていた十二年の間に、担当の大臣が十数人もかわっているという一事にも、そのことがよくあらわれているように思いますが、工事の総責任者がそれほど頻繁にかわっていたのでは、国民の理解を得つつ効率のよい仕事を進めることなど望むべくもないと思うのです。

結局、民主主義であろうと何であろうと、それがいかに立派な好ましいものであっても、それを真に生かすことのできない国民に与えたのでは何にもならないということです。〝玉を抱いて罪あり〟ということばもありますが、個人でも、それを生かすことのできない人が、他人から高価なものをもらっても、かえって災いを招き、不幸に陥る場合が多いと思います。国でも同じことで、その国民が主座をしっかりと保って、いろいろなものをとり入れた時にはじめてそのものも生き、国民の幸せも生まれてきます。そういう主座を失いつつある姿において、日本人が民主主義その他の主義思想をとり入れたところに、今日のような混迷の姿がみられる根本的な原因があるのではないでしょうか。

日本人はあくまで日本人

ですから、日本人は日本のよき伝統に立ち返り、日本人としての主座をとりもどさなくてはいけないと思います。自分というものをはっきり持っていなければならないのです。どのようなすぐれた思想や制度をとり入れるにしても、その前に、まずお互いが日本人であるという意識を持っていなくてはなりません。日本人であることをはっきり意識し、その意識を根底に持って、あらゆるものの考え方を消化吸収して、よりよき日本人、日本の国を育てていくことが大切だと思います。

そういうことはくり返し述べたように、過去二千年にわたって代々の日本人がずっとやってきたことなのです。日本人としての主座をしっかりと持って、仏教をとり入れ、儒教をとり入れ、その他もろもろの文化を消化吸収し、それによって国民の共同生活を向上させ、日本を発展させてきたわけです。その伝統を再びよみがえらせなくてはいけないと思います。

そして、日本人としての主座に立ち、日本の伝統という基礎の上に民主主義なら民主主義を消化吸収していけば、どこの国よりもすぐれた立派な日本的民主主義の花を咲かせることができるのではないでしょうか。かつてそのようにして仏教を受け入れ、世界のどの国よりも美しい日本的仏教を開花させたように、民主主義についても、またその他の主義についても、それができると思います。

一つのたとえでいえば、日本人はこれまで、いろいろな思想や宗教などのものの考え方をとり入れ、それを日本人の伝統の精神という木を成長させる肥料としてきたのではないでしょうか。日本の伝統、日本人としての精神という木を大きく育てるためには、やはりいろいろのすぐれた肥料というものが必要だと思います。仏教という肥料、儒教という肥料、そして民主主義やマルクス＝レーニン主義という肥料、そういったさまざまな肥料から自分の成長に必要な養分を吸収し、それによって日本人の精神という木は、これまで一応すくすくと育ってきたわけです。けれども、戦前の日本においては、民主主義やマルクス＝レーニン主義など、ある種の肥料のとり入れ方は、当時の社会情勢もあって、必ずしもスムーズにいったとはいえない面がありました。

したがって戦後においてこそ、この日本の社会に急速に広まってきたあらゆるものの考え方の持つよい面を生かし、それを自由自在に日本人の伝統の精神を育てるための肥料にすればよかったわけです。けれども実際は、そのようにせずに、それらの思想なり考え方を別の新しい木と考え、これまでの伝統の精神という木を切り倒し、それらの木にかえてしまおうとした面が少なからずあったと思います。つまり、日本の伝統精神を、他の国で生まれた思想なり考え方におきかえようとしたわけです。これでは日本人が自分を失い、いわば日本人でなくなってしまいます。そうなっては、伝統の精神という木も枯れてしまい、いろいろなものの考え方というせっかくの肥料も役に立ちません。そこに大きなあやまりがあり、さまざまな混乱の姿が生じてきたのだと思うのです。

そして今日、混迷の度合は刻一刻と深刻になりつつあるように思われます。もし現状のままに推移するならば、わが国は遠からず国としての存立の基盤さえ失うほどの危機に直面しかねないとも考えられます。そのような事態を避けるためにも、日本人は一刻も早く、日本人としての主座をとりもどさなければなりません。日本の国土が国土として変わらないように、日本人の本質というものは決して変わらないと思います。日本人はあくまでも日本人なのです。そして、伝統というものも、伝統として変えることも否定することもできません。そのことをお互いにはっきりと心にきざむことが大切だと思います。

日本人が、長い日本の歴史とこの国の気候風土によって培われた日本の伝統精神をとりもどし、日本人としてのほんとうの姿に立ち返るところから、日本の真の自主独立の姿が生まれてくるのです。そしてそこから、日本と日本人が、本来の和を貴ぶ平和愛好の国民として、世界の国ぐにとのよきまじわりを深めつつ、世界人類の繁栄、平和、幸福に力強く貢献していく道が、さらに大きくひらけてくると思うのです。

終章

日本人であること

民主主義によって

以上、六章にわたって日本と日本人について述べてまいりました。すなわち、日本は建国以来二千年にわたり、ほぼ一国一民族で、天皇を中心に国家活動、国民生活を発展させてきたという独自の歴史と、地理的条件から来る特有の気候風土とを持っています。そして、その歴史と気候風土の中から、日本人の国民性、伝統というものが育まれてきたわけです。

それは、衆知を集めるということ、主座を保つということ、和を貴ぶということを主要な内容とするものでした。そして、それはまた、日本人の生活の実態から生まれた伝統の精神であるとともに、その中には人間としての好ましい精神であると考えられるものが多く含まれているのです。このような日本精神は確固不抜といいますか、長い歴史の中に厳として存在していたのです。

ところが、敗戦以後、そうした日本の伝統というものが、次第しだいに日本人の間で見失われつつあり、そこに今日、一方での非常な復興発展の反面にさまざまな問題が起こって、社会が混乱、混迷の様相を呈している最大の原因があるわけです。もしこのままでいけば、日本はそうした伝統の喪失から、精神面での崩壊が起こり、それが物の面にも及んで、国としていわば崩れゆくことにもなりかねません。というより、今日その徴候はいたるところに歴然とあらわれてきているように思うのです。

したがって、日本人が日本人としての自覚をとりもどし、日本の歴史、伝統を再認識して、伝統の精神を今日の民主主義に即したかたちで生かしていくことが、いま何よりも大切になってきているといえましょう。かつて仏教というものを受け入れ、それによって伝統の精神をよりゆたかにしてきたように、民主主義によって日本精神を生かしていくことが、よりよき明日の日本を築きあげていく道だと思います。

日本人としての運命

考えてみれば、お互いが日本人として生まれたことは、これは一つの運命ではないでしょうか。われわれは別に自分で望んで、自分の意志で日本人に生まれてきたのではありません。それはちょうど、われわれが他の生物でなく、人間として生まれてきたことが、自分の意志によるものではないのと同じことだと思います。自分が望み、自分がこうしようと思ったわけではないけれども、気がついてみたら、人間として、日本人として生まれていたということでしょう。これがいやだから他の動物に、他の人種、民族にかわれるというものではない、やはり一つの運命と考えるべきものではないかと思います。

そのように、お互いが日本の国に生まれ、日本人であることが一つの運命だとするならば、われわれはこの是非善悪以前の事実を素直に認識して、日本人であることに心を定めるということが大切ではないかと思います。その運命はそのまま承認し、その上に立って積極的にこの日本をより好ましい国にしていこうと心を決めるのです。

日本の国には一億あまりの人がいます。その一億の人は、それぞれ顔かたちもちがえば好みもちがう。職業にしてもものの考え方にしてもいろいろさまざまです。一億人が一億人みなどこかしらちがっているといっていいでしょう。けれども、その一億人がみな、自分の意志によらずして、日本人として生まれてきたという点において、いわば共通の運命を持っているとも考えられます。そして、そのように同じ運命に生まれて、同じ日本人として生きていくとするならば、お互いに、老若男女、ものの考え方などのいかんを問わず、すべて同じ日本丸という船に乗りあわせて、いわゆる一蓮托生《いちれんたくしょう》、運命をともにしているといえましょう。舵《かじ》のとり方一つで、みんなが物心ともの幸せへの針路をとることにもなれば、逆に不幸への道を行くことにもなります。

今日の日本には、お互いの生活をおびやかし、そのような物心ともの幸せを築いていく上での妨げとなる問題がたくさんあります。そうした問題を一つひとつ解決し、よりよい日本、より住みよい社会をつくりあげていくためには、お互い国民が心を合わせ、力を合わせていくということが何よりも大切だと思います。けれども、そのような好ましい姿にあるかというと、必ずしもそうとばかりはいえません。むしろ、互いに非難したり責めあったりして、かえって混乱を大きくしている面も少なからずみられるのです。

もちろん、国民一人ひとり、それぞれに顔かたちがちがうように、意見もものの考え方も異なっていると思います。そうしたちがいは、これはあるのが当然であって、あっていいものだと思います。ただ大事なことは、そうした意見のちがい、考え方のちがい、あるいは個々の利害のちがいというものはあっても、より大きな観点に立って、お互いの調和をはかっていき、そこにより新しい、より高いものを生み出すことです。

そのためには、やはり、われわれが日本人であること、そしてそれは一つの運命であることをしっかりと自覚し、そこからよりよい日本の姿、国の姿を生み出していこうという共通の心がまえを持ちたいものだと思います。

この、われわれは日本人であるという厳然たる事実の自覚に立って、これまでに述べてきたような日本と日本人の歴史、伝統というものを、真に自分自身のこととして考え、認識し、これを民主主義の時代に生かしていくことが大切だと思います。

そういうことを、日本人の一人ひとりがしっかりと心のうちに持つ時、伝統を生かしつつ、そこに新しい真の民主主義日本というものを一歩一歩築いていくことができると思うのです。

二十一世紀の日本

第一章でも述べましたように、五千年ほど昔の世界において、進んだ文明を持って栄えたのはメソポタミアとエジプトであったといわれます。その後、そうした繁栄の中心はギリシャへ、ついでローマへとうつり、さらにそれが中世から近世にかけてヨーロッパ全域に広がっていきました。そして、現代に入ってからは、建国して間もないアメリカが急速に発展し、世界でも一番繁栄した国家になったわけです。

そのように世界の歴史を通観してみますと、繁栄というものは一つの国、一つの地域にとどまっているのではなく、大きくめぐっているということになろうかと思います。かつての先進国がいつまでもその地位にあるわけではなく、昔は発展が後れていた他の国がそれを追い越していく、そして次にはさらにまた別の国がより大きな発展を生み出していく。そういうことがくり返されてきたのが、これまでの世界の歴史であるといえましょう。

そして、このような姿はこれからもまた続いていくと考えられます。現に、あれほど世界一の繁栄を誇ったアメリカも、最近にいたって、いささかその発展ぶりに停滞の気味がみえてきているのではないでしょうか。もちろん、何といってもアメリカは資源もゆたかで、高度な技術も持っており、このまま衰退してしまうようなことはあり得ないと思いますが、これまでのようないわば世界の繁栄の中心といった姿は変わっていくのではないかと考えられます。

それでは次の繁栄はどこへめぐっていくのでしょうか。これは未来のことですから、実際はどうなっていくかわかりません。けれども、わからないなりに考えられるのは、ヨーロッパからアメリカへうつった大きな繁栄の流れというものは、次にはアジアに来るのではないかということです。来るべき二十一世紀には、繁栄はアジアにめぐってくるのではないかと思うのです。

かりにそうなるとしますと、アジアの情勢からして、日本はそこで非常に重要な役割をになうことになろうかと思います。アジアの繁栄を推進する中心的立場に、望むと望まざるとにかかわらず立たされることになるでしょう。そういう立場において、アジアに、ひいては世界全体に貢献していく。それが二十一世紀の日本のあるべき姿ではないかと思うのです。

ですから、そういう心がまえを持って、そのための準備をしていくことが、今日の日本と日本人にとってきわめて大切だといえましょう。いわば繁栄の受け皿づくりを早急に進めていかなくてはならないということです。世界の繁栄の大きな流れというものがめぐってきた時に、その受け皿が用意できていないということでは、せっかくのめぐりあわせを生かすことができません。それはひとり日本だけでなく、世界全体としても大きな損失だと思うのです。

そういう自覚認識を持つことが、お互い日本人としていま大切だと思います。そして、その受け皿をそれぞれの立場で、また日本人共同の力でつくっていかなくてはならないでしょう。そのためにまず第一にしなくてはならないことが、これまで述べてきた、日本人の自覚に立って伝統の精神をとりもどし、これを今日に生かしていくことだと思います。そこから、来るべき二十一世紀というものが、真に好ましい意味において日本の世紀となり、そのことを通じてよりよき世界の姿も実現されてくるのではないかと思うのです。

補章一

日本の伝統と戦争

平和は日本人の悲願

第五章において述べましたように、日本人には〝和を貴ぶ精神〟すなわち平和愛好の伝統というものがあるわけです。これは、この日本の気候風土と長い歴史の中で培われてきた確固とした伝統の精神なのです。そして建国以来二千年にわたる日本人の歩みは、おおむねそのことを明らかに示していると思います。

けれども時として、そうした平和愛好の精神に反するような姿もありました。特に明治になってからの日本は、日清、日露の戦いを経験しました。さらに昭和に入ってからは太平洋戦争によって、外国の人びとにも大きな迷惑をかけ、また日本人自身も、多くの人びとが傷つき倒れ、家も町も爆撃によって灰と化してしまうなど非常に悲惨な姿に陥ったのです。

そうした戦争の体験、さらには戦いに敗れたことから生じた反省などを通じて、日本人は本来平和を愛好する国民ではなく、むしろ戦争を好む軍国主義的な国民ではないかというような考え方も一部に生まれてきました。そのような考え方が生まれるのも、たしかに一面無理からぬものがあると思います。あの太平洋戦争のある面だけをみれば、そう考えられる点はあったと思うのです。

けれども、日本人というものを、長い歴史を通じてみる時、そういう姿も一時的にはあったものの、やはり基本的には和を貴ぶ、平和愛好の国民だと思います。そのことをまずお互いにしっかり認識しなくてはならないと思うのです。

それでは、その本来平和を愛好する日本人が、なぜ日清、日露の戦争、さらには太平洋戦争を戦ったのでしょうか。そのことを日本人は静かに考えてみる必要があると思います。われわれはいま、戦争というような好ましくない姿を再びあらわさないように、そして伝統に基づく真に平和な姿を今後の新しい日本において保持していくことを願っています。そういうことを憲法にもうたっているわけです。それはだれよりも戦争の悲惨さを経験してきた日本人の悲願だといえましょう。その悲願ともいうべきものを実際に叶えるためにも、われわれは、なぜ日清、日露の戦争、また太平洋戦争が起こったのか、あらためて考え直してみる必要があると思います。

先輩を見習った明治期の日本

まず明治における日清、日露の二つの戦争について考えてみたいと思います。結論から申しますと、明治期の日本は、民族を守るといいますか、民族の繁栄を考えるという行き方をとっていたのだと思うのです。そして、そのような国としての行き方を進めていく上で、二つの戦争に直面することになったのではないかと思います。

明治維新後の日本は、それまで長く続けられてきた鎖国政策をやめて、広く世界に目をひらいて国としての歩みを始めました。その時に、当時の日本人は、日本を世界の中の一つの国として大いに発展させたいと考えたのでしょう。そして、そのための導きというか手本を欧米先進国に求めたのだと思います。それで科学技術とかいろいろな新知識を入れて、大いに文化を高めたのです。

ところが、それだけでなく、当時欧米の先進諸国をみますと、どの国も植民地を持っていたわけです。イギリスなどは、日本と同じく小さな島国でありながら、全世界に広大な植民地を持っていましたし、フランスやスペインにしても、またオランダとかポルトガルといった比較的小さな国でも、それぞれに自国よりもはるかに広い植民地を保有していました。それで当時の日本人は、「われわれが模範と考えている先進諸国はみな植民地を持っている。そうすると、このような姿が先進国としてのいわば常識的な姿なのだろう」と考え、そういった姿をめざして国家運営をしていこうとしたのではないでしょうか。

それは、いまにして思えば不幸というか悲しむべきことですが、あのころとしてはやむを得ないものがあったと思います。はじめて世界に目をひらいた国として、そのようにあらゆる面で先進国の姿に一つの範をとりつつ歩んでいこうと考えたのは、当時の良識からみても、無理からぬというか、ごく自然なものがあったと思うのです。

その結果、日本はたとえば当時の清国、すなわち中国に対しても、列強と同じような立場に立って考えたのでしょう。つまり、欧米列強が中国の各地を手中におさめたり、中国から特別な権益を得たりしようとしているのをみて、それと同じ道を歩むことを考えたのだと思います。当時の日本は物資も不足していました。いわば貧しい小さな国だったともいえましょう。ですから、そういった列強と同じような歩みを進めていくことが、国を発展させていく上で必要欠くべからざることだと、当時の国の方針として、いってみればまじめに考えたのではないかと思います。

植民地をつくったり、特別な権益を得たりするという姿は、そのころの欧米先進国の一般的な行き方だったのです。そして当時の日本は、近代国家として出発したばかりで、それらの先進諸国からいろいろ知識を得たり、考え方をうけついだりして歩んでいたわけです。ですから、日本人として、また明治の日本政府としては、貧困な日本を富ませるためにも、日本の国家国民を他から守るためにも、そのような先進国の一般的な行き方を見習うことが必要だと考えたのだと思います。つまり日本は先輩の行き方を見習ったのであって、それは当時のはじめて世界に目をひらいた小国としてはごく自然なこととして考えられたと思われます。

そして、そのような行き方をとっているうちに、そこに外国との利害の衝突もあって、日清、日露の二つの戦争をすることになってしまったのだと思います。

和の精神に根ざす同化政策

もちろん、戦争をすること自体は決して好ましいことではありませんし、戦争のない平和な姿こそだれしもの願いでしょう。けれども、日清、日露の戦争については、そのような当時の世界の中で、民族の繁栄を考え、日本の国家国民を守るという行き方から、おのずと生まれてきた一つのやむを得ない姿だったと考えられます。

当時の日本では、事のよしあしは別として、ともかくも国論が統一されて戦争にあたったといわれます。一部には反対もあったでしょうが、しかしだいたいにおいて国論がまとまっていたと考えられます。それというのも、やはり当時においては、そういう行き方がやむを得ないと、広く認められている面があったからでしょう。だからまた、とうてい勝ち目がないと思われた大国ロシアとの戦いにおいて、日本は勝利を得ることができたのだとも考えられます。

ただ、日本人としては、みずからを守るということにとらわれていた面はあったと思います。もちろんそれは日本だけではなく、当時にあっては世界全体として、いずれの国も自国の繁栄だけにとらわれるという傾向が強く、世界全体のことを考える面が少なかったといえましょう。そういう意味からも、日清、日露の戦争をもって日本人を好戦的な国民だとするような見方は決して当を得ていないと思います。そうではなく、当時の自国中心的な世界全体の風潮が、日本人の和を貴ぶ伝統の精神以上に強く働いたと考えるべきではないかと思うのです。

ですから、そういう中にあっても本来の和を貴ぶ伝統はいたるところにあらわれています。たとえば日本は、日清戦争の勝利により台湾を、また日露戦争の結果、樺太《からふと》（サハリン）の南半分を領有することになりました。つまり、海外の植民地を手に入れたわけです。ところが日本は、そうしたところに対して、列強が自国の植民地に対してとったような政策はとりませんでした。併合した地域の人びとを同じ日本の国民と考え、同化主義に立って日本国民としての教育をしたわけです。

列強の場合、植民地というものをいわば何かを手に入れるための土地と考え、そこでとれる金や銀、あるいは香料などの資源を本国に持ち帰るという傾向があったといわれます。さらに一部では、その土地の人びとを奴隷として売買するようなことまで行なわれていたのです。また、数百年もの間統治していながら、その間植民地の人びとに対して教化教育ということをほとんど行なわなかったようです。ですから、そうした旧植民地の国の中には、今日でもなお国民の多くが文盲であるというところも少なくないということです。

そのような姿にくらべると、日本の場合はかなりちがうと思います。日本は植民地から何かを手に入れるというよりも、ともどもに大同団結して、平等観に立って事を進めたわけです。部分的にはそうでない場合もあったでしょうが、大きくみれば、同一民族として事を進め、同じように教化してきたのではないかと思います。ですから、植民地そのものの是非はともかくとして、かつて日本の植民地だったところは、今日文盲も少なく、アジアの中でも日本につぐような発展をとげています。長い歴史を通じて、和を貴び調和を重んじてきた日本のよき伝統が、ここでもその姿をあらわして、併合した地域を日本と一体化したのでしょう。

もちろん、併合した国土が多くは軍人によって治められたこともあって、多少は列強の植民地政策のような傾向もあったかもしれません。また、その土地の人びとにとっては、同一ではないと感じられた場合もあったでしょう。けれども日本としての基本的な姿勢は、他の列強とはちがって、一体化、同化の政策をとっていたと思います。そして、その政策の根底に流れていたのは、和を貴ぶ精神、調和の精神ではないでしょうか。一部の人びとの間にはそういう精神が理解されていなかった面もたしかにあったと思いますが、全体としてはそのようなことが、日清、日露の戦争、ひいてはそれに続く日本の歩みについていえると思います。

文武両道が本来の姿

それでは次に、太平洋戦争の原因について考えてみたいと思います。これにはいろいろな考え方がありましょうが、結局のところその原因の大きなものは、いわゆる軍人のあり方にあったのではないでしょうか。つまり、軍人が政治の面に勢力を持ち、ひいては日本の政治を動かすようになったところに、非常に大きな問題があったと思います。というのは、そのように軍人が政治に関係し、政治を動かすということは、日本の伝統と相反する姿だと考えられるからです。

日本には昔から〝文武両道〟ということばがあります。このことばは、いわゆる学芸、学問の道と、武芸、武道との二つの道をあらわすことばでしょう。けれども、これを政治の面でいえば、いわゆる文官と武官との二つの姿をあらわすものとも考えられます。さらには、文は徳行であり、武は武力だともいえましょう。ですから、文武両道ということは、基本的にはつねに徳行政治を行なっていくが、その徳行政治が妨げられる場合には、それを守るために武力が用いられるという姿でしょう。

この文武両道ということばをみてみますと、〝文武〟であって〝武文〟ではありません。つまり主となるのは文であって、武はそれを守るものだといえましょう。そのように、文を主におき、武を従とするというところに日本の伝統があり、それが文武ということばにあらわれているのだと考えられます。

現に奈良時代や平安時代においては、政治は、天皇を中心とする朝廷において、文官である公家によって行なわれました。そして武官である武士たちは昇殿を許されていなかったわけです。つまり武士は政治の場から遠ざけられ、もっぱら警護することのみに専念させられていたのです。いいかえれば〝文武〟であり、〝武文〟ではないわけです。

このように、文官だけによって政治が行なわれ、武官、軍人が政治に近づくのを許さなかったことは、日本の一つの好ましい伝統であり、そしてその根底には和を貴ぶ平和愛好の精神があるのだと思うのです。ですから、そういう姿が保たれていた時代には比較的戦争は少なかったと思います。けれども、やがて武士が天下をとり、みずから政治を行なうようになると、次第に戦争も多くなって、いわゆる戦国時代のような姿さえ生まれたわけです。

そして江戸時代には、武士である徳川家が天下をとり、政治の中心になりました。ところが、それでは、そういう武家政治の時代だから、文武ということばはやめてしまって〝武文〟にしたかというとそうではありません。やはり従来どおり文武両道といっていたわけです。そして徳川幕府の政治は武力による政治というより、むしろ反対に学問をきわめ、人間哲学ともいうべきものに立って政治を進めなければならないと考えられていたようです。

つまり、力によって天下をとったにしても、その後の政治は文をもって行なったわけです。すなわち、文を主においた文武両道という、和を貴ぶ本来の伝統にのっとった姿だとも考えられましょう。そのように武家政治であっても、〝文武〟といっていたところに日本の伝統精神が生きており、そこに二百五十年にわたる太平の世が生まれてきた大きな原因があると考えられます。

そのように、日本の本来の政治は〝文武〟であり、和を貴ぶという伝統の精神に基づいた文官による政治だったわけです。ただ、時としてその政治を妨げるような動きが出てくることもありましょう。その場合には、武官がその文民政治を守るために武力を発揮するということです。したがって、武は守るという使命を果たすために存在するものであり、何を守るかといえば、それは文すなわち文民政治、徳行政治を守るのです。

もちろん、その場合武官には守る力というものが必要でしょう。守るに足る力がなくては、いくら好ましい徳行政治が行なわれていても、それはいつこわされるかわかりません。守る力が十分にそなわっていてこそ、文武両道という本来の好ましい姿が保持されるわけです。

伝統に反した太平洋戦争

明治以後の時代になってからは、軍人と政治とのかかわりが非常に深いものとなってしまい、時には軍人が総理大臣になったことさえありました。そういったところに、太平洋戦争という大きなあやまちをおかした原因の一つが生まれたのでしょう。守ることに徹すべき軍人が、守られるべき文官をおさえつけて、それにとって代わってしまったのです。つまり、和を貴ぶ精神、本来の文武両道の伝統に反するような姿が生まれてきたわけです。本来〝文武〟であったものが〝武文〟に逆転してしまったのです。

昔からつねに文武といってきたのですから、そのことばどおりの姿をとっていれば問題はなかったでしょう。にもかかわらず武が意欲をたくましくして、逆に武文にしてしまった。これはいわば一種の病気にかかった姿ともいえましょう。その病気によってもたらされたのが太平洋戦争だと思います。そういうところに太平洋戦争の大きな原因があると思うのです。

結局、一言でいえば、日本人の伝統に反した姿に陥ったところに、ああした悲惨な戦争を生んだ原因があったということです。和を貴ぶという伝統、文武という伝統、そうした日本精神に反して武が意欲をたくましくしたところに問題があったといえましょう。

さらにいえば、太平洋戦争においては、衆知を集めるという伝統にも相反する面があったと考えられます。先にも述べましたが、日露戦争においては、戦争自体の是非はともかくとして、国論は統一されており、だから国内の衆知は集められました。また、外国についても十分とはいえないまでも、たとえばイギリスと同盟を結ぶとか、アメリカと友好関係を保つとかいったように、ある程度海外の知恵も集めたわけです。それによって勝利を得たのでしょう。

けれども、太平洋戦争の場合は、日本は国際連盟を脱退して、みずから世界に背を向け、孤立してしまいました。しかも国内でも、青年将校といわれるような一部の軍人たちの血気にはやった力によって、国論が次第に引きずられていった面が多分にあり、当時の日本人の衆知が十分には集められなかったように思います。そのことはいうまでもなく衆知を集めるという日本の伝統精神に反するものです。そういう伝統に反した姿が、あの戦争をもたらし、敗戦へ導いた大きな原因になっていると思うのです。

ですから、太平洋戦争に敗れて、その結果日本人は筆舌に尽くしがたい悲惨な姿に陥りましたが、これは結局自分のあやまちを正されたことになるのではないでしょうか。伝統の精神に反することによって戦争に陥り、戦争に敗れ、それによって再び伝統に立ち返るべき機会を与えられたとも考えられます。

伝統に根ざす民主主義を

民主主義とか文民政治ということについてもそのことがいえると思います。戦争に負けて、日本は新しく民主主義の国になったとか、自由で平和な国になったとかいう見方もあると思います。そういう見方も大いに意義はあると思うのですが、さらに大きな意義としては、日本は戦争に負けてあやまちに気づき、日本本来の衆知を集める伝統なり和を貴ぶ文民政治にかえったという点があるのではないでしょうか。

民主主義政治は、すなわち衆知による政治です。そしてまた国民による政治でもありますから、それはおのずと文民政治でもあるわけです。ですから、今日の民主主義なり文民政治というものを考えるにあたっては、やはりそうした日本の伝統に基づいてこれをみなくてはならないと思います。それなくしては、せっかくのそうした制度もほんとうには生かされてこないでしょう。

民主主義、文民政治を推し進めていく場合でも、これを妨げるものがあれば、やはり守るということを考えなくてはならないと思います。まずお互い国民が、民主政治を守るという気持ちをしっかりと持たなくてはならないでしょう。そして、昔は武士がその守りの任にあたったわけですが、今日では新しいかたちとして、たとえば言論の力、警察の力などというものが守りの任にあたるのだとも考えられます。

西洋においては、もちろん文武にあたることばはありますが、〝文武両道〟というような考え方は古今を通じてほとんどないということです。日本の場合は、古くからの伝統としてそれがあったわけです。それはその根底に和を貴ぶ精神があるからだと思います。ですから今後も、この文武両道という伝統の姿をつねに変わらず保持していけば、まずまちがいは起こらないともいえるのではないでしょうか。

反対に、もし万一そうしたかたちを保つことを怠り、武官がおごって文官にとって代わろうとすれば、必ずそこに好ましからざるあやまちが起こるでしょう。平和が損なわれ、戦争さえ起こりかねないと思います。ですから、つねに和を貴ぶ精神に立脚しつつ、文民政治を中心とし、その姿をおかすものがあれば正義の言論の力や警察などの力によって自衛するという、文治武守のかたちをきびしく保持していくことが大切でしょう。それが太平洋戦争の教訓を生かす道であり、未来永劫にわたって伝統の精神に基づいた望ましい平和を保っていく道でもあると思うのです。

以て瞑すべし

そのように、太平洋戦争というものは、日本の伝統から逸脱した、いわば病気によって生まれた一つのあやまった姿だということが基本的にはいえると思います。ですから日本人はそこに大いに反省するものがなくてはならないと思うのですが、同時に忘れてはならないのはその意義というものです。

太平洋戦争の意義などといいますと、あるいは一部に誤解を招くおそれがあるかもしれません。しかし、お互い日本人として、誤解することなく、素直に認識しておいていいと考えられる点があると思うのです。つまり、あの大きなあやまちであった太平洋戦争の生み出した副産物ともいうべきプラスの面です。

それはすなわち、いわゆる植民地の解放、独立ということです。太平洋戦争をきっかけとして、インドネシアとかインド、ビルマ（現ミャンマー）といったアジアの植民地、開発途上の国ぐにが次つぎに独立しました。アフリカ諸国またしかりです。世界各地の植民地が解放されて、全世界の人びとが平等の立場に立つ道がひらけたわけです。このことは、予期せずしてはからずも生み出された結果であったとはいうものの、あの太平洋戦争の実に大きな副産物としての意義だとはいえないでしょうか。

そして、そのような好ましい結果を生み出すことができたのも、当時の日本が物質的にはるかに劣勢の中で四年もの間もちこたえたからだと思います。日本が何カ月かですぐに負けてしまっていたら、そういう姿はとうてい実現されていなかったでしょう。

もちろん、そういった四年もの戦争の継続による犠牲は大きなものがありました。日本の年若い青年の多くが、そのために尊い生命を失いました。また韓国や中国、東南アジアの国ぐにに多大な迷惑をかけ、それらの国ぐにでも、青年をはじめ幾多の人びとが尊い犠牲となりました。そのような彼我の青年たちを含めて、何百万という数多くの人びとが犠牲となって、亡くなってしまったのです。

けれども、それらの大きな犠牲は、植民地の解放という画期的な人道上の成果を世界人類の上にもたらしたともいえます。そう考えるならば、幾百万の人びとも、決して無駄に死んだことにはならないわけです。これまで、そういった犠牲者の中には、極端な場合には犬死にだというような汚名をきせられ、死んでも死にきれないような気の毒な境遇に貶《おとし》められていた姿もあったと思います。けれども実際には、そうした犠牲が端緒となって、世界人類の解放に対して大きな成果をあげることができたわけです。以て瞑《めい》すべしといえるのではないでしょうか。

何度も述べるように、太平洋戦争自体は日本の伝統に反したあやまったものであり、きわめて悲惨な結果を生んだ二度とくり返してはならないものです。そして、いかに軍人の独断専行に引きずられたとはいえ、やはりそれは当時の国民全体の共通の責任であり、深く反省しなくてはならないと思います。

そうしたあやまった戦争ではありましたが、結果として世界人類史上画期的な成果である植民地の解放というプラスの面を期せずして生み出したことは、一つの大きな意義だったと思います。そのことをお互い日本人はよく認識しておく必要があると思うのです。

そのことを認識しつつ、しかしあの当時、衆知を集めるという伝統、和を貴ぶという伝統が十分に働いていれば、戦争自体避けられたであろうことを考え、その反省を今後に生かしていくことが大切だと思うのです。

補章二

歴史、伝統と教育

教えられなかった歴史、伝統

日本人の伝統の精神というものが、終戦後次第しだいに日本人の間から失われてきていること、そしてそのためにいろいろな社会的混乱が生じてきていることについては、第六章にくわしく述べたとおりです。

その失われつつある日本人の伝統の精神をよみがえらせるためになさねばならないことはいろいろあると思いますが、何といっても一番大切なのは、教育の場においてそれを教えるということではないでしょうか。

人間というものは、非常に偉大な本質、素質を持っていますが、どんなに立派な素質を持った人でも、何も教えられずに放っておかれたのでは、そうしたものも磨かれず、人間の偉大さも十分にあらわれてこないということになってしまうでしょう。教えられてはじめて人間としての特質、その人の持つ個性といったものが発揮されてくるわけです。

日本で生まれ育った日本人の子どもは、子どもの時から日本語を話します。同じようにイギリスで生まれたイギリス人の子どもは英語を話します。それは周囲の人びとが、意識的、無意識的に教えているからであって、子どもは教えられたとおりに日本語を覚え、しゃべるようになるわけです。日本人の子どもでも、もし生まれた時からイギリスへ連れていき、英語ばかりを教えながら育てたら、必ず英語を話すようになります。日本人の子どもだからといって、生まれながらに日本語を知っているわけではないのです。結局、子どもは教えられたとおりになっていくということです。

ですから、日本人の伝統の精神がうすれ、失われつつあるというのも、それはそういうものが教えられなかったからだと思います。あるいは教えられたとしても、それが何かしら好ましくないもののように教えられたからだと思うのです。そうした姿が戦後の日本の教育にはあったのではないでしょうか。そしてそれは、第六章でも述べたように、最初は占領軍の占領政策として始まったものだと思います。

たとえば、終戦の年の年末に、占領軍総司令部から〝修身《しゅうしん》、日本歴史、地理を学校で教えてはいけない〟という指令が出されています。こうした指令が出されたについては、第六章でも述べましたように、占領軍としてそれなりに世界の平和ということを考えた善意をもってのことだったのでしょう。しかしいずれにしても、その結果数年間は、日本の国はどういう歴史と気候風土を持っているのか、そしてその中で培われた日本人の特質、伝統の精神とはどういうものか、といったことが学校教育では教えられずにきたわけです。また学校教育に限らず、一般社会においても、たとえば忠臣蔵の芝居は演じてはいけないといったようにいろいろな禁止、制約が課せられ、日本人が自国の歴史、伝統を学び知るということがきわめて困難な状況におかれたわけです。

占領終結の時こそ

けれども、そうした占領政策だけであったら、これほどまでに伝統の精神が失われてしまうということはなかったと思います。占領は、戦後八年にして終結しているのです。もちろん八年という歳月は決して短いものではありません。ですから、その間に占領政策によって伝統の精神がかなりうすめられ、弱められたことは事実でしょう。とはいえ、講和が成立し、占領状態が終わった時に、もし日本人が、「やはりわれわれは日本人の伝統の精神に立ち返らなくてはいけない。占領されていた間はやむを得なかったけれども、これからは日本人自身の手でそれをやっていかなくてはならない」と考え、伝統の精神を根幹にして現在の民主主義をとり入れ教えていたら、八年間にわたってうすめられてきたその伝統の精神というものも、おそらく今日までの二十年あまりの間に力強くよみがえってきたことでしょう。そして、その伝統の精神に根ざした堅実にして真に力強い日本的民主主義国家としての発展が生まれていたにちがいありません。

しかし、実際にはそういう好ましい姿にはならなかったのです。むしろ日本人自身が、日本の歴史なり伝統なりを軽視するような傾向が非常に強かったように思われます。あるいは、日本の歴史とか伝統とかをとりあげる場合に、それを何か好ましくないもの、あやまったものというように考えたり教えたりした面が多分にあったわけです。

ですから、占領が終わって、教育にしろ何にしろいっさいを日本人の手で行なえるようになってからも、日本の歴史、伝統は正しく教えられないままに放置されてきたといえましょう。そして、その結果、伝統の精神はますます日本人の間からうすれてきてしまったのだと思います。

そのこと自体、いわば占領政策の後遺症ともいうべき面があると思います。占領政策によって植えつけられた、日本の歴史、伝統に対する不信感とでもいったものが、知らず識らずの間に日本人の心の中に芽生え、育ってきて、それが日本人をして自国の歴史、伝統を軽視させることにもなっているのでしょう。

それとともに、また日本人自身、あの太平洋戦争というものに対する反省の仕方に必ずしも当を得なかった面があるように思われます。

戦争を憎むあまりに

日本人は、太平洋戦争によって世界の国ぐにに大きな迷惑をかけ、また自分も戦争に負けて非常に悲惨な姿に陥ってしまいました。そのためにいろいろと深く反省したわけですが、これは人間として当然のことです。してはならない戦争をしたのですから、大いに反省しなければならないと思います。

ただ、何事によらず、反省をするからには、そこによりよきものを生み出すことが必要です。ですから、戦争に負けて、これまで知らなかった世界のきびしさ、広さというものをはじめて知って、それによって、今後の日本のあるべき姿、進むべき正しい道というものを悟ることができたというようになることが望ましかったわけです。つまりは、反省によって、禍《わざわい》を転じて福となすことができるようなものでなければならないと思います。

戦後の日本においても、そういう面はありました。けれども、どちらかといえば、戦争そのものを憎むあまり、とにかく日本はもともとが悪い国だったのだ、というような反省の仕方が多かったのではないでしょうか。日本の歴史をふり返ってみて、その中で好ましくないと思われるような点をひろいあげ、「過去の日本は悪いことばかりしてきた。こんな悪いこともやってきている」といったことがさかんに叫ばれたりもしました。

もちろん、そういった反省の仕方がされたのも、それなりの理由があったからだと思います。というのは、戦争中、特に戦争末期の日本においては、日本は神国であるというような、かなりゆきすぎたと思われるような考え方をする傾向がありました。ですから、戦後において、そうした好ましからぬ考えに対する反省が出てくるのは当然のことでしょう。そして、その結果、「なぜ、してはならない戦争をしたのだろうか」と静かに考えるよりも、「とにかく日本はよくない国である。日本の歴史は悪い点の連続である」というような考え方が強調されたのも、ある程度無理からぬ面があったといえましょう。

そうした日本人自身にみられた傾向と、先に述べたような占領政策とがピタリと合わさって、いわば二重の効果をあげたわけです。そのために日本人は、一面日本の歴史、日本の伝統に対して不信の念を持ち、これを重要視しないような姿になってきたのだと思われます。

先祖にもいろいろな人がいる

考えてみれば、お互い人間一人ひとりにも、その人の生い立ちというか、いわば個人の歴史ともいうべきものがあります。二十歳の人なら二十年の歴史、五十歳の人であれば五十年の歴史というものがあるわけです。そしてその個人の歴史をふり返ってみますと、ある時は気の毒な人を助けて感謝されたというようないい面もあるでしょう。また反対に、他人に迷惑をかけたといった悪い面もあるだろうと思います。

そのような自分の過去をふり返って、今後いかに生きていくべきかを考える場合の参考にするというのは、これは人間として当然なすべきことでしょう。そして、自分の歴史において、悪かったと思うこと、あやまちであったと思うことは再びやらないように気をつけ、よかったと思うこと、好ましいと考えられることは今後の人生に生かしていけばいいわけです。

そのようにして、自他ともの幸せに結びつくような、よりよい人生を送っていきたいとだれでも願っているのではないでしょうか。そういった意味で、過去の歴史をふり返ることは非常に大切な意義を持っていると思うのです。

また、個々の人間はそれぞれに家庭、家族の一員でもあります。そして、その家庭、家族というものについて考えてみても、親の代、そのまた親の代というように、それぞれ過去の歴史を持っているわけです。そういう家族の歴史においても、先祖にあたる人びとはそれぞれにいろいろなことをしていると思います。二十代前のある先祖は世のため人のために非常な貢献をしているけれども、十代前の別のある先祖は世の中に大きな迷惑をかけているという場合もあるでしょう。十代の先祖をとってみて、三人はよいことをした、五人は平凡に生きた、あとの二人はいささかよくないことをした、ということもあると思います。

そのように、先祖の姿は、その時代、その個人によっていろいろだと思われます。そういうものが、われわれ一人ひとりの家庭、家族の歴史だといえるでしょう。そして今日に生きるわれわれは、そういった先祖の歩みというものをよく知って、自分がよりよく生きていくための参考にすることが大切だと思うのです。

歴史をいかに教えるか

ただその場合、われわれが考えなければならない非常に大事なことが一つあります。それは、そのような自分の先祖の歩みというものを、われわれが幼い子どもに聞かせる場合、いったいどのように話すかということです。「うちの先祖には、こういう悪いことをした人が二人もいる。だから、うちの家系はどうも好ましくないのだ」というように話すでしょうか。これは人情から考えても、あまりそんなふうにはいわないだろうと思うのです。

やはり、「うちの先祖の中にはいろいろな人がいたけれども、こういういいことをした立派な人が三人もいたのだ。だから、その人たちの血をひいているおまえも、必ず世のため人のために貢献できる素質を持っているはずだ。大いに勉強に励んで、ご先祖のような立派な人間になりなさい」というのではないでしょうか。そのように教えてこそ、子どもたちも、そこに誇りと励みとを感じて、自分を磨き、よりよい社会を築いていく一員として立派に成長していくことができると思います。

先に第三章で、各地に領主をまつった神社があると述べましたが、その場合でも、いわゆる名君だけを祭神としているようです。これなども、こうした考えのあらわれではないでしょうか。代々の領主の中には、民百姓を苦しめる暴君的な人もいたでしょうし、可もなく不可もなしといった人もいたと思います。けれども、そうした中から、民をいつくしみ、善政をしいた立派な人だけを神にまつり、それを領主としてさらには人間としての一つの手本とすることによって、お互いを向上させ、世の中をよりよくしていこうとしたのだと思います。それが日本のよき伝統であり、また人間としてきわめて自然な姿ではないかと思うのです。

それと同じことが、一国の歴史についてもいえるのではないでしょうか。日本の建国以来二千年という長い歴史の上には、好ましい面もあれば、そうでない面もあるわけです。ですから、その歴史をふり返って、好ましくない面はそのまま好ましくないと認識して、再びそういうことをしないように十分気をつけたらいいと思います。そして好ましい面は好ましいと正しく知って、それを現在に正しく生かしていくことが大切だと思うのです。

そのように国家国民全体としては、歴史のあしきを正し、よきはさらに生かしていけばいいわけですが、ただ、年若い青少年、子どもたちに対しては、特に日本の歴史、伝統のよい面を正しく教えていかなくてはならないと思います。そして、それはやはり、まず学校教育の場でなされることが肝要です。そうしてこそ、青少年たち、子どもたちも、この日本に対し、また日本人として生まれた自分自身に対して正しい誇りを持てるようになるでしょう。そこから、次第しだいに日本人としての伝統の精神もよみがえり、力強い歩みも生まれてくると思います。

ところが、今日の日本において、特に学校教育においては、必ずしも日本の歴史の好ましい面が正しく教えられてはいないような感じがするのです。先に述べたような戦後の風潮の中で、どちらかというと好ましくない面を特にとりあげて青少年に教え、そして日本の歴史全体、また日本人というものを批判させるような傾向も一部には強いのではないでしょうか。これでは青少年も日本と日本人に対して不信感を抱き、自分も自信を失い、混迷に陥ってしまうでしょう。そういう姿が現に今日の青少年にかなりみられるように思います。このようなことでは、日本人の伝統の精神はますますうすれゆくばかりではないでしょうか。

人間、国家、個人を考える教育

教育において何を教えるかということは、これは重要な問題であり、いろいろな考え方がありましょう。たとえば、戦前の日本では国家的見地に立つ教え方がされ、それがあの戦争を生む原因ともなったのだから、これからはもっと全人類的というか、世界的な見地に立った教育がなされなくてはならないという見方もあります。

そういうことはたしかにいえると思います。戦前の日本は、やや国家意識にとらわれて、自国中心的にものを考える傾向がありました。ですから、いきおい教育にもそういうものが反映されたという面は多分にあったと思います。

ただ、戦前においては日本だけがそうだったのではありません。世界全体に、いわば普遍的な人間としての世界観といったものが、まだ十分には考えられておらず、どの国でもおおむね国家意識を中心としてものを考え、行動していたと思うのです。現に日本だけでなく、欧州の先進国がたえず戦争をくり返し、世界大戦を二度までも行なっているのをみても、そういうことがいえましょう。

ですから、そのような時代にあっては、全人類的な見地に立った教育は実際問題としてできなかったと思います。主として国家的見地に立った教育がなされたのも、人間の進歩の過程において一度は踏まなくてはならない段階だったとも考えられます。

しかし、今日では人間はそれだけ進歩してきているのですから、当然それにふさわしい教育がなされなくてはならないと思います。すなわち、第一に人間というものを考える、第二に国家とか民族を考える、第三には個人というものを考える、そういう見地に立った教育が望ましいと思うのです。

まず、世界人類共通の普遍的な人間としてのあり方を考えるわけです。それはすなわち、『人間を考える　第一巻』で述べた、新しい人間観なり、それに基づく人間道といったようなことを考えるということです。そしてその普遍的な人間観の上に、国家的、民族的な歴史や伝統、慣習のよさを加味していくのです。つまり、本書で述べている日本の歴史、日本人の伝統の精神といったことです。さらにその上に、個人としてはどうあるべきかといったことを考える、そういった三段階に分けて教育を考えていくことが最も望ましいといえましょう。

そして大事なことは、その三つを適度にバランスさせていくということです。普遍性だけにもかたよらず、国家、民族にも、個人にもかたよらない、その三つがよく調和しているという教育を生み出していくことが必要なわけです。そうすれば、世界人類的な見方もできる、国民としても立派である、個人としても好ましいといった人が育っていくでしょう。

そういう目で今日の日本の教育をみてみますとどうでしょうか。個人というものは比較的十分に考えられていると思います。たとえば、個性を尊重しなくてはならない、ということがよくいわれます。あるいは個人としての権利、個人としての自由といったこともさかんに教えられているわけです。また、人間としてということについても、ある程度は考えられているようです。基本的な人間観を欠いているというきわめて重大な問題はありますが、世界の平和に貢献するといったように、世界人類全体という観点から教育を考えるということも一応はなされているとも考えられましょう。

けれども、国家とか民族を考えた教育というものは、これまでに述べてきたようにまったくといっていいほど忘れられ、軽視されているわけです。その結果、先にあげた三つのバランスが崩れてしまい、そのため、たとえば個人を考えた教育というものも生きてこないことになってしまいます。

個人といっても、あくまで国家、民族に基礎をおいた個人でなくてはなりません。その肝心の基礎のほうを忘れてしまって教育したのでは、いわば無国籍者の集団をつくることになってしまいます。そこにはなんの連帯感もなく、ただ個人の自我と自我、利害と利害がぶつかりあうだけで、そこから生まれるのはいたずらな混乱と争いばかりでしょう。

やはり、人間を考え、国家、民族を考え、個人を考え、しかもその三つがバランスを保ち、調和している教育を行なっていかなければなりません。そしてそれには、いま忘れられている日本の歴史、日本の伝統についての正しい教育が一刻も早くなされなくてはならないと思います。そのようにして将来のわが国はもちろん、世界全体の繁栄発展に寄与貢献しうる人材の育成をはかっていくことが、きわめて大切だと思うのです。

あとがき(旧版)

以上、日本と日本人について私なりに得た考えを述べてまいりました。本文中にもありますように、日本は建国以来二千年もの長き歴史を持っており、したがって日本と日本人についてくわしく書くならば、何百巻にもなろうかと思われます。その点、本書はごく基本的な点のあらましだけを述べたものですから、お読みいただいて、あるいはもの足りないという感じを持たれた方もあろうかと思います。

ただ、その二千年の歴史を一貫してみてみる時、本書で述べたようなことがいえるのではないかと考えており、よりくわしい問題につきましては、さらに専門家の方がたにお考えいただければ幸いであると思っております。そういうことによって、日本と日本人に対する真に正しい認識が日本人自身の間に生まれ、そこから一つの確信といいますか、いい意味における謙虚な誇りというものができてくるのではないかと考えます。

是非いずれにいたしましても、ご意見、ご感想をお寄せくださいますよう重ねてお願い申し上げる次第です。

■松下幸之助略年譜

年	年齢	事項
明治二十七（一八九四）		十一月二十七日、和歌山県海草郡和佐村字千旦ノ木（現和歌山市禰宜〈ねぎ〉）で松下政楠、とく枝の三男として出生
三十二（一八九九）	4	父・政楠が米相場に失敗、和歌山市内に移住
三十七（一九〇四）	9	尋常小学校を四年で退学、単身大阪に出て宮田火鉢店に奉公
三十八（一九〇五）	10	五代自転車商会に奉公
三十九（一九〇六）	11	父・政楠病没
四十三（一九一〇）	15	大阪電燈㈱に内線係見習工として入社
四十四（一九一一）	16	内線係見習工から最年少で工事担当者に昇格
大正　二（一九一三）	18	母・とく枝病没
四（一九一五）	20	井植むめの（十九歳）と結婚
六（一九一七）	22	工事担当者から最年少で検査員に昇格
		大阪電燈㈱を退社、大阪・猪飼野でソケットの製造販売に着手
七（一九一八）	23	三月七日、大阪市北区西野田大開町（現福島区大開）に松下電気器具製作所開設
		アタッチメント・プラグ、二灯用差し込みプラグの製造販売開始

十二（一九二三）	28	砲弾型電池式自転車ランプを考案発売
十四（一九二五）	30	連合区会議員選挙に推されて立候補し、二位で当選
昭和　二（一九二七）	32	角型ランプに初めて「ナショナル」の商標をつけて発売
四（一九二九）	34	松下電器製作所と改称。綱領・信条を制定し、松下電器の基本方針を明示
		世界恐慌となったが、半日勤務、生産半減、給与全額支給とし、従業員を解雇することなく不況を乗り切る
六（一九三一）	36	ラジオ受信機がNHK東京のラジオセットコンクールで一等に
		乾電池の自社生産開始
七（一九三二）	37	五月五日を創業記念日に制定、第一回創業記念式を挙行し、産業人の使命を闡明（せんめい）、この年を命知元年とする
八（一九三三）	38	事業部制を実施
		朝会・夕会を全事業所で開始
		大阪府北河内郡門真村（現門真市）に本店を移す
		「松下電器の遵奉すべき五精神」（昭和十二年、七精神に）を制定
九（一九三四）	39	松下電器店員養成所開校、所長に就任
十（一九三五）	40	松下電器製作所を株式会社組織とし、松下電器産業㈱を設立。同時に従来の事業部制を分社制とし、九分社を設立

昭和 十五（一九四〇）	45	第一回経営方針発表会を開催（以後、毎年開催）
十八（一九四三）	48	軍の要請で松下造船㈱、松下飛行機㈱を設立
二十（一九四五）	50	終戦。その翌日、幹部社員を集め、平和産業への復帰を通じて祖国の再建を呼びかける
		続いて八月二十日、「松下電器全従業員諸君に告ぐ」の特別訓示を行い、難局に処する覚悟を訴える
二十一（一九四六）	51	松下電器及び幸之助が、GHQから財閥家族の指定、公職追放の指定等七つの制限を受ける（昭和二十一年三月～二十三年二月）
		全国代理店、松下産業労働組合が公職追放除外嘆願運動を展開
		十一月三日、PHP研究所を創設、所長に就任
二十四（一九四九）	54	企業再建合理化のため、初めて希望退職者を出す
		負債十億円となり、税金滞納王と報道される
二十五（一九五〇）	55	諸制限の解除によって状況好転、経営も危機を脱する
		緊急経営方針発表会で「嵐のふきすさぶなかに松下電器はいよいよ立ち上がった」と経営再建を声明
二十六（一九五一）	56	年頭の経営方針発表会で「〝松下電器はきょうから再び開業する〟の心構えで経営にあたりたい」と訴える

		第一回、第二回欧米視察
二十七（一九五二）	57	渡欧、オランダのフィリップス社との技術提携成立
三十六（一九六一）	66	松下電器産業㈱社長を退き、会長に就任
三十七（一九六二）	67	『タイム』誌のカバーストーリーで世界に紹介される
三十九（一九六四）	69	熱海で全国販売会社代理店社長懇談会を開催
四十三（一九六八）	73	松下電器創業五十周年記念式典を挙行
四十七（一九七二）	77	『人間を考える――新しい人間観の提唱』刊行
四十八（一九七三）	78	松下電器産業㈱会長を退き、相談役に就任
五十四（一九七九）	84	㈶松下政経塾を設立、理事長兼塾長に就任
五十六（一九八一）	86	勲一等旭日大綬章を受章
五十七（一九八二）	87	㈶大阪21世紀協会会長に就任
五十八（一九八三）	88	㈶国際科学技術財団を設立、会長に就任
六十二（一九八七）	92	勲一等旭日桐花大綬章を受章
六十三（一九八八）	93	㈶松下国際財団を設立、会長に就任
平成　元（一九八九）	94	四月二十七日午前十時六分、死去

この作品は、一九八二年八月にＰＨＰ研究所より刊行された。

[著者略歴]
松下幸之助（まつした・こうのすけ）
パナソニック（旧松下電器産業）グループ創業者、ＰＨＰ研究所創設者。明治27（1894）年、和歌山県に生まれる。９歳で単身大阪に出、火鉢店、自転車店に奉公ののち、大阪電燈（現関西電力）に勤務。大正７（1918）年、23歳で松下電気器具製作所（昭和10年に松下電器産業に改称）を創業。昭和21（1946）年には、「Peace and Happiness through Prosperity＝繁栄によって平和と幸福を」のスローガンを掲げてＰＨＰ研究所を創設。昭和54（1979）年、21世紀を担う指導者の育成を目的に、松下政経塾を設立。平成元（1989）年に94歳で没。

カバー写真：貝塚 裕

PHPビジネス新書 松下幸之助ライブラリー M10

日本の伝統精神

日本と日本人について

2015年５月１日　第１版第１刷発行
2015年12月10日　第１版第２刷発行

著者　松下幸之助
発行者　小林成彦
発行所　株式会社ＰＨＰ研究所
東京本部　〒135-8137　江東区豊洲5-6-52
ビジネス出版部　☎03-3520-9619（編集）
普及一部　☎03-3520-9630（販売）
京都本部　〒601-8411　京都市南区西九条北ノ内町11
PHP INTERFACE　http://www.php.co.jp/
装幀　齋藤　稔＋印牧真和
制作協力・組版　株式会社PHPエディターズ・グループ
印刷所
製本所　図書印刷株式会社

ISBN978-4-569-82435-2

松下幸之助ライブラリー

人を活かす経営

松下幸之助 著

信頼、説得、人間、自省、信念……「松下電器は人を作る会社です」と言い続けた松下幸之助の人を育て、活かすための経営哲学を著した一冊。

定価 本体八九〇円（税別）

松下幸之助ライブラリー

人間を考える

新しい人間観の提唱・真の人間道を求めて

松下幸之助　著

松下幸之助ほど人間について深く思索し、それを経営に活かした人物はいない。その思索の集大成として発表された新しい人間観とは。

定価　本体八九〇円（税別）

松下幸之助ライブラリー

事業は人なり

私の人の見方・育て方

松下幸之助 著

会社の使命とは人を求め、育て、活かすこと。「人使いの名手」と言われた著者が、60年近い経験から語る上手な人の活かし方とは。

定価 本体八五〇円（税別）